好爸爸
胜过好老师

慧 海 / 著

民主与建设出版社

·北京·

© 民主与建设出版社，2020

图书在版编目（CIP）数据

好爸爸胜过好老师 / 慧海著. -- 北京：民主与建

设出版社, 2020.12

ISBN 978-7-5139-3320-9

Ⅰ. ①好… Ⅱ. ①慧… Ⅲ. ①家庭教育 Ⅳ. ①G78

中国版本图书馆 CIP 数据核字（2020）第 234293 号

好爸爸胜过好老师

HAOBABA SHENGGUO HAOLAOSHI

著　　者	慧　海	
责任编辑	周佩芳	
封面设计	尚世视觉	
出版发行	民主与建设出版社有限责任公司	
电　　话	（010）59417747　59419778	
社　　址	北京市海淀区西三环中路10号望海楼E座7层	
邮　　编	100142	
印　　刷	三河市长城印刷有限公司	
版　　次	2021年1月第1版	
印　　次	2021年1月第1次印刷	
开　　本	710mm×1000mm　1/16	
印　　张	12.5	
字　　数	220千字	
书　　号	ISBN 978-7-5139-3320-9	
定　　价	48.00元	

注：如有印、装质量问题，请与出版社联系。

前 言

　　孩子从呱呱坠地开始，直至升入小学、中学，甚至大学，都要在家庭中生活。在漫长的家庭生活中，爸爸承担着非常重要的责任，扮演着不可取代的角色。在教育孩子这件事上，爸爸更是不能缺席。要想成为一个好爸爸，就要做好方方面面的事情，不仅要能够在外面打拼挣钱，为孩子提供物质方面的支持；还要能够在家里陪伴孩子，成为孩子的最佳玩伴和最可信任的朋友。当然，这样的爸爸必须有"三头六臂"，也必须深深地懂得儿童教育的真谛，才能够做到面面俱到，在各方面都表现得出色。

　　很多爸爸都认为，只要花大价钱把孩子送到一个很好的学校，孩子就会有美好的未来。但实际上这只是爸爸一厢情愿的想法而已。不可否认，老师对孩子的教育起到了重要的作用，而且会影响孩子的成长，遇到一个好老师是孩子一生的幸运；但是老师要到孩子进入学龄阶段之后才会参与孩子的成长，而在此之前，爸爸作为孩子最亲近的人，一直在陪伴孩子长大。爸爸不但要陪伴孩子度过学龄前最重要的六年，同时还要给孩子美好的成长体验。当然，即便是在六岁入学之后，孩子得到了老师的教诲和指导，爸爸也依然要承担教育孩子、陪伴孩子的责任，这样才能让孩子的成长更加立体，也才能使孩子的能力得到全方位的发展。

　　如果说老师对孩子的教育主要是以言传，那么爸爸对孩子的教育则主要是以身教，例如陪着孩子玩耍嬉闹，陪着孩子探索创新……在孩子漫长的成长过程中，爸爸的影响是最大最持久的，所以爸爸更要端正自己的心态，扮演好在家庭中的角色，从而全方位地给孩子更好的教育和引导。

如今，有很多爸爸都过于依赖学校教育，他们不惜花费重金去购买最好的学区房，只为让孩子能够进入最好的学校；他们不惜把自己收入的大部分拿去给孩子交课外补习班的费用，让孩子在周六日的时间里奔波在几个甚至十几个补习班之间，过着紧张而忙碌的生活，没有片刻喘息的时间。他们以为，这样就能够保证孩子成材，让孩子拥有美好的未来。殊不知，在孩子漫长的人生道路上，爸爸自身所起的作用才是最重要的。除了给孩子提供物质生活，爸爸们更要注重用爱滋养孩子的心灵，让孩子在精神上变得越来越强大，越来越富有。

在有些家庭里，爸爸虽然已经意识到家庭教育对孩子的重要性，但是因为平日多忙于工作，往往由妈妈承担起教育孩子的重任。在很多家庭中，爸爸处于教育缺席的状态，这对于孩子获得父母全面的爱是极其不利的。在家庭生活中，不管爸爸能够为家里创造多好的物质条件，都不能忽略自己身为爸爸的职责，而是要成为孩子教育的主要承担者。

不管是对于男孩还是女孩来说，爸爸的一些优秀品质，如坚韧、果敢、勇敢、大胆、自信、豪迈、独立等，都会对他们长大成人参加工作后的生活产生重要且积极的影响。那些由妈妈一手带大的孩子长大后往往胆小怯懦，尤其在面对困难时，往往会下意识地逃避。反之，如果爸爸能够参与到家庭教育中来，和妈妈一起教育孩子，或者担起主要教育者的重任，那么就能够给孩子更多积极的影响，让孩子在性格、品性等方面变得更加刚强和坚毅。

　　家应该是由爸爸妈妈一起为孩子撑起的，如果说爸爸是山，那么妈妈就是水；如果说爸爸是大树，那么妈妈就是草地。对于孩子而言，爸爸和妈妈就像空气和水那么重要，只有爸爸妈妈互相配合，为孩子营造良好的成长环境，孩子才能够茁壮成长。孩子应该从爸爸妈妈身上汲取全面的成长的营养及爱。父亲和母亲的爱有着不同的方式，也会给孩子的成长以不同的助力。当然，父母爱孩子也要张弛有度、和谐有道、刚柔相济，这样才能让孩子在爱与自由的环境中健康成长，长成自己理想的模样。

　　因此，作为爸爸千万不要觉得自己只需要为家里提供经济支持就万事大吉了。要知道，在家庭教育中，如果爸爸的教育缺失，那么孩子的成长就会缺"钙"。对于每一个孩子来说，只有妈妈的爱是远远不够的，还需要有爸爸的爱来中和与平衡，才能够让孩子的成长更全面。对于每一个孩子来说，如果只有学校教育，就像是用一条腿来勉强前行，那样肯定走不稳，只有以家庭教育来辅助，爸爸妈妈齐心协力配合学校对孩子进行教育，孩子才能够获得更全面的教育，孩子的成长也才会更快乐。

　　在孩子遇到危险的时候，爸爸要能够成为孩子的精神支柱；在孩子感到不安的时候，爸爸要能够成为孩子安全感的来源；在孩子缺乏自信的时候，爸爸要能够帮助孩子树立自信。总而言之，每个爸爸都应该把教育孩子作为毕生最伟大的事业，在培养孩子的过程中积极地参与，贡献出最伟大的力量。

　　好爸爸胜过好老师，每一个孩子都需要有一个好爸爸，从而为自己支撑起人生的一片晴空。

目录

第一章　好爸爸是孩子的好老师

呵护孩子的身心健康 / 2

和孩子一起对世界充满好奇 / 6

激励孩子保持旺盛的求知欲 / 11

授人以鱼不如授人以渔 / 16

和孩子一起爱上阅读 / 20

劳动最光荣 / 26

用好网络这把"双刃剑" / 32

爸爸不缺席，孩子成长不缺"钙" / 36

第二章　陪伴，打造亦师亦友的亲子关系

爸爸也是一个没有长大的孩子 / 42

积极地参与孩子的活动 / 47

倾听，才能打开孩子的心扉 / 52

得到孩子的信赖，成为孩子的知己 / 57

尊重和平等地对待孩子 / 61

学会对孩子换位思考 / 67

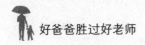

第三章　常怀赤子之心，成为孩子的好玩伴

鼓励孩子适度冒险 / 74

生命在于运动，快乐源于父子相伴 / 78

陪孩子看电影 / 82

给孩子介绍更多的好玩伴 / 85

陪孩子看一本好书 / 89

即使在家也要玩出花来 / 94

第四章　身教大于言传，好爸爸是孩子的好榜样

爸爸要成为孩子的偶像 / 100

爸爸是孩子养成好习惯的榜样 / 104

以身示范，引导孩子遵守规则 / 108

教导孩子勤俭节约 / 112

给孩子善良与爱的接力棒 / 116

真男人敢于承担责任 / 120

勇于进取，逆势而上 / 124

教导孩子懂得感恩 / 128

第五章　父爱赋能，好爸爸的爱是孩子成长的力量源泉

和孩子一起面对挫折 / 134

给予孩子自信的力量 / 139

培养孩子积极乐观的性格 / 143

对孩子使用南风的力量 / 148

认可孩子的努力 / 153

孩子犯错，爸爸积极引导 / 157

第六章　高瞻远瞩，好爸爸和孩子一起筑梦人生

好爸爸是孩子的造梦师 / 164

好爸爸高瞻远瞩，有大格局 / 168

和孩子一起创新 / 173

不对孩子抱有过高的期望 / 178

分数不是孩子的命根子 / 183

后　记 / 188

第一章

好爸爸是孩子的好老师

孩子在出生后，首先在家庭中接受教育，父母作为孩子的第一任教育者，既是孩子的启蒙老师，也是孩子成长的监护人，还是孩子无微不至的照顾者，更是孩子的朋友和知己。对于父母而言，要想扮演好这些角色是很不容易的，尤其是爸爸，他的言行更会影响孩子的性格养成、理想志向等。爸爸对孩子进行教育的显著特点就是启蒙性和早期性，爸爸一定要抓住家庭教育的关键时期，对孩子开展教育。

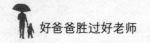

呵护孩子的身心健康

　　曾几何时，父母们陷入了对教育焦虑的状态之中，望子成龙、望女成凤，迫不及待地想让孩子能够成龙成凤，出人头地，但这样给了孩子巨大的压力。在应试教育时代，孩子们承受了过重的成长负担，导致出现各种各样的心理问题。随着社会的不断发展，父母们才渐渐意识到，对于孩子而言，应先成人，再成才。也就是说，孩子要有健康的体魄和良好的心态，才能茁壮成长，适应社会的发展，成长为国家的栋梁之材。

　　在我们周围，很多父母都把成绩看得比孩子的身体健康和心理健康更重要，其实这是本末倒置的。对于孩子而言，身心健康是更为重要的，比成绩好更有意义。如果孩子的身体和心理都不健康，那么即使有再好的成绩，又有什么用呢？尤其是心理健康，更是关乎孩子一生的发展。在家庭生活中，妈妈通常承担着照顾孩子的重任，关注孩子生活的细节，而爸爸则更多的是陪伴孩子一起玩耍，关注孩子的心理和情感活动。

　　爸爸要想呵护孩子的身心健康，让孩子拥有积极的心态和良好的情绪，就应该学会在孩子的角度换位思考，要尝试着用孩子的眼光去观察这个世界；要像孩子一样用丰富细腻的情感去体验各种各样的事情；也要以孩子的兴趣为出发点，去帮助孩子培养各种爱好。当爸爸真正放下作为家长高高在上的姿态，走进孩子的内心世界时，就会发现孩子的内心世界是非常丰富精彩的。看似没心没肺，实则内心敏感，渴望得到爱和尊重，更希望得到父母的理解和信任。尤其是很多孩子缺乏自信心，希望得到父母的认可和赏识，家长满足他们的这种愿望才能使孩子扬起自信的风帆，在人生的道路上无畏前行。爸爸一定要用欣赏的眼光去发掘孩子身上的闪光点，关注孩子一点一滴的进步和变化，也要怀着喜悦的心情面对孩子小小的成功，适时给予孩子积极的鼓励。孩子的进步哪怕再小，爸爸也要慷慨送上表扬、及时鼓励。只有在得到爸爸积极的回应后，孩子才会对未来充满信心。

爸爸一定要知道，成绩好并不是孩子好唯一的标准，而好爸爸的标准也并非是培养出成绩优秀的孩子，而是要能够培养出身心健康的孩子。毋庸置疑，孩子的心灵是非常脆弱的，这是因为他们刚刚开始面对这个世界，缺乏生活经验，尤其是在面对很多难题的时候，往往不知道如何解决。在这个时候，爸爸如果能够作为坚强的后盾，坚定地站在孩子身后，在孩子犯错或失败的情况下，无条件地给予孩子支持和鼓励，那么对孩子而言，这样的父爱就是他们最大的财富。

一个真正合格且优秀的爸爸一定是孩子心灵的保护神。遗憾的是，在现实生活中，有很多爸爸都是心灵的施暴者。心灵暴力，在家庭教育中普遍存在，很多人都不曾关注这个问题。但恰恰是这个问题对孩子的心灵产生了很大的影响。西方心理学家研究发现，那些心理扭曲的犯罪者之所以在成年后做出暴力或者变态的行为，就是因为他们在孩童时期没有得到父母的关爱，尤其是没有得到爸爸积极的引导和帮助。他们之中有些人甚至承受了家庭暴力，对他们的内心造成了永久性的伤害，即使在长大成人之

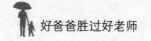

后，也很难消除这些伤害带来的影响。

爸爸除了要给予孩子积极的鼓励，帮助孩子树立信心，还要注意对孩子说话的方式。常言道，"良言一句三冬暖，恶语伤人六月寒"。在家庭生活中，爸爸是孩子最亲近的人，如果爸爸对孩子恶言恶语，那么就会给孩子造成很大的伤害。孩子在小时候尤其崇拜爸爸，他们特别看重爸爸的评价。如果爸爸对孩子恶言恶语，虽然不会对孩子造成直接伤害，但却会在孩子的内心留下深刻的伤痕。有些孩子宁愿被爸爸打骂一顿，也不愿意被爸爸无视或嘲讽。偏偏有太多的爸爸因为生活压力大、工作忙碌等原因，在发现孩子表现不佳时，往往无法按捺自己的情绪，肆无忌惮地指责、贬损孩子，深深刺伤了孩子的自尊心。

很多孩子在升入初中、高中后，即使长得身高体壮，但如果在精神上始终被父母压抑，那么他们就会成为精神上的矮子。孩子在成长过程中一定会犯各种各样的错误，也无法让父母一直满意。作为爸爸要知道，对教育孩子而言，辱骂起不到任何的作用，除了发泄自身的不良情绪之外，对孩子只会起到负面影响。很多爸爸因为孩子学习成绩不好，就说孩子笨得像只猪，或者说孩子是榆木疙瘩、脑袋不开窍，甚至还说孩子就是一个饭桶或者废物。这样的语言就像一把把锋利的刀刺入孩子的心中，而父母却看不到孩子的心在流血。

作为爸爸，一定要知道，孩子虽然因父母来到这个世界，却并不是父母的附属品或私有物。爸爸虽然有自己的理想没有实现，或者有伟大的志向没有达到，却不能因此就把这个理想或志向强加给孩子。孩子即使学习成绩不好，也是独立的生命个体，有自己的喜怒哀乐，也有自己的目标和追求。爸爸要做的就是发现孩子身上的优势和长处，发掘其闪光点，这样才能够让孩子有更加出色的成长表现。

很多爸爸由于对自己的人生不满意，会无形中对孩子提出过高的要求。殊不知，过高的期望除了会让孩子感受到沉重的压力之外，并不能激励孩子努力上进。对于自己不如意的人生，爸爸一定要学会接受，以平静的心态面对自己的不如意孩子。当然，每一个爸爸都希望孩子将来能够过上体面的生活，有更多选择的权利，那么就要从现在开始，尊重孩子，给予孩子更多的爱和自由，这样，孩子才能顺利度过小学阶段、中学阶段、大学阶段，以至参加工作。

近几年来，一些孩子因为心理压抑而伤害父母的事情时有发生，每当看到这样的新闻，作为爸爸一定会感到很痛心。在痛心之余，爸爸们首先应该反思自己，去了解那些孩子为何会不堪重负，伤害父母至亲。作为爸爸，千万不要只图一时的口舌之快，而应该更看重孩子的感受，这样才能够让家庭教育发挥更好的作用，促进孩子的成长。此外，爸爸还要摆正自己的位置，端正教育的态度，陪伴孩子快乐地面对人生。

有一个能为自己遮风挡雨的爸爸，是每个孩子最大的幸运。在孩子小时候，他们最大的安全感就来自爸爸。爸爸作为整个家庭的支柱，是孩子精神和情感上的依靠，所以要给予孩子安全感，让孩子在爸爸的陪伴和照顾下无忧无虑地快乐成长。唯有好爸爸才能让孩子拥有最美好的童年，为孩子奠定坚实的人生基础。

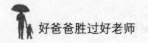

和孩子一起对世界充满好奇

　　每一对父母都望子成龙，望女成凤，都希望孩子具有很强的学习能力，能够学会更多的知识，掌握更多的技能，将来考入更好的大学，拥有一份好工作，发展自己的事业，收获充实而又精彩的人生。而这一切美好愿望的实现，都要以孩子拥有强大的学习能力作为基础。那么，如何才能够培养孩子的学习能力呢？当爸爸对孩子的学习成绩不满意而想要河东狮吼的时候，一定要保持镇定，才能够进行理性的思考。和女性感性相比，爸爸应该是更理智和睿智的。那么，爸爸就要知道好奇心才是孩子学习的动力源泉。好奇心能够激发孩子的学习兴趣，也能够赋予孩子强大的探索精神，使孩子充满兴趣地了解新鲜事物的本质。所有人的学习活动都建立在好奇的基础之上，成人如此，孩子也是如此。

　　孩子的人生经验还很少，他们对于周围世界的一切都感到非常陌生，同时又觉得新鲜有趣，甚至认为充满了神秘感。每一个孩子的心中都渴望探索更多的奥秘，学习更多的知识，这样的探索欲和求知欲对于孩子的身心发展而言是非常宝贵的驱动力，正是在这些欲望的驱使下，孩子的头脑才能够迸发出智慧的火花，才能够坚持不懈地学习。作为爸爸，一定要知道好奇心能够帮助孩子保持旺盛的求知欲，也能够让孩子在求知的过程中感受到非常大的乐趣。反过来，这样的乐趣又会激励孩子继续深入探索，从而实现智力的发展和提升，进入良性循环之中，使孩子在学习上保持旺盛活力的同时，且对世界充满热情，充满好奇。

在陪伴孩子的过程中，细心的爸爸会发现，孩子总在问为什么，会提出千奇百怪的问题，还会闯下各种各样的灾祸，犯下各种各样的错误。很多爸爸因此而抓狂，狠狠地打骂孩子。其实，只要静下心来仔细想一想就会发现产生这些错误或问题都是孩子对世界充满好奇导致的。很多爸爸为了避免孩子发生意外，也为了保护家里的东西不被孩子破坏，就责令孩子不许乱动。实际上，对于年幼的孩子来说，除了睡觉的时候他们能够保持安静之外，在其他时间里，他们会触摸翻动各种各样的物体，用身体去探索这个世界。所以，爸爸要了解孩子身心发展的规律和特点，从而满足孩子的好奇心和求知欲。

好奇是孩子的天性，正是在好奇心的驱使下，孩子对初次见到的人和物会充满兴趣，这使孩子表现出特别调皮的样子。孩子之所以调皮，并不是孩子的个性导致的，而是所有孩子的成长都会有这个阶段。当发现孩子特别调皮的时候，父母要善于因势利导，为孩子提供一个安全的环境，这样才能够让孩子放开手脚去玩耍。尤其是爸爸，更应该陪伴在孩子身边。年幼的孩子缺乏预知和防范风险的能力，爸爸如果能够始终陪伴在孩子身边，那么孩子就可以进入更好的探索状态，这对孩子的身心发展都会起到极大的促进作用。

如果说妈妈会严格地管束孩子，不希望孩子把衣服弄脏，破坏家里的各种家具，或把刚刚买来的玩具拆得七零八散，那么爸爸就应该更加理性，也应该更加理解孩子。要知道，和孩子漫长的人生发展相比，不管是衣服、玩具还是家具，都是不值一提的。如果父母约束孩子是以破坏孩子的探索欲和削减孩子的创造力为代价的，那么这样的约束还不如没有，毕竟对于孩子来说，在这个特殊的成长阶段，他们的首要任务就是不断探索。

孩子尤其喜欢问为什么，当爸爸陪孩子一起做游戏，或者带着孩子出去玩时，可能就会被孩子的"十万个为什么"难住。因为孩子不管看到什么或发现什么新鲜的事情，都会问爸爸"为什么"。爸爸也许能够回答出这些问题，也许不能，当面对难题不知道该如何回答的时候，爸爸切勿批评和训斥孩子，而是要尊重孩子的求知欲，保护孩子的好奇心。与其敷衍了事，还不如和孩子一起去寻找答案。在此过程中，爸爸可以教会孩子寻找答案的方法，例如查找资料、翻阅图书、亲自实践等，都是非常好的答疑解惑的方法，这不但能够帮助孩子解决难题，还可以呵护孩子的好奇心，让孩子的求知欲更加强烈。

当然，除了孩子表现出好奇向爸爸提问，爸爸也可以像孩子一样保持好奇心，跟孩子一起提出问题，再一起解决问题。当孩子发现爸爸也有很多不知道的事情时，他们会意识到知识的海洋是浩瀚的、无边无际的，每个人哪怕是像爸爸这样的大人，都不可能无所不知、无所不能，所以他们就会更加敬畏知识，也会产生更强烈的求知欲。具体来说，爸爸究竟该如何保护孩子的好奇心，和孩子一起对世界充满好奇呢？一定要做到以下几点。

第一，要鼓励孩子勇敢探索。很多孩子在对外部世界表现出好奇的时候，往往会伴以实际行动，但因为没有经验，不知道如何保护自己，有可能受到伤害。在这种情况下，不要制止孩子去进行各种尝试，而是要告诉孩子如何才能保证安全，也可以陪伴在孩子身边进行保护。与此同时，要积极鼓励孩子，让其勇敢探索，这样，孩子才会对外部世界有更深刻的认知。在此过程中，如果孩子遇到了难题，那么爸爸也可以协助或帮助孩子解决难题。

第二，鼓励孩子培养动手能力。在爸爸买来新的玩具，或者孩子看到爸爸利用工具做一些手工的时候，孩子通常会很积极地帮忙，在一边递螺丝刀、锤子等工具，恨不得代替爸爸去做。有的时候他们会把妈妈新买来的小玩具甚至家里的一些小用具给拆掉，例如闹钟等。发生这样的情况，爸爸切勿批评孩子，因为一个闹钟或一个玩具，和培养孩子的好奇心相比并没有那么重要。爸爸还可以陪着孩子一起拆掉闹钟，然后再引导孩子把闹钟组装起来，在拆装的过程中，孩子得以了解闹钟的机制和原理，从而使思考能力、动手能力增强。必要的情况下，爸爸还可以为孩子提供各种机会，让孩子勤于动脑，勤于动手，这样的机会对孩子来说是非常珍贵的。总而言之，手脑并用对于孩子而言是开发智力的好方式。

第三，要让孩子学会质疑。很多爸爸喜欢在孩子面前树立权威，面对孩子，他们有着说一不二的威严。其实这对孩子来说并不是一件好事，如果孩子习惯了凡事都听从爸爸的，那么渐渐长大以后，他们就会凡事都习惯听从老师的。在这样的成长过程中，他们就会失去自主思考的能力。孩子应该具备质疑的精神，因为不管是爸爸还是老师，都有可能犯错误。应让孩子发现爸爸或者老师所犯的错误，从而积极地进行思考，知道如何改正错误，并且以打破砂锅问到底的精神来探究新鲜事物的原理。对于孩子来说，这种锲而不舍的精神是求知精神，能够让孩子快速成长。

当然，要让孩子学会质疑，爸爸就不能摆出一副高高在上的家长姿

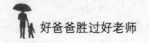

态。好奇是质疑的开始，爸爸对孩子的好奇采取怎样的态度，决定了孩子的好奇心将会如何发展，也决定了孩子将能否坚持质疑自己所怀疑的一切人和事。

第四，要保护孩子提问的积极性。现代社会中信息传播的速度很快，孩子们不再像以往那样只能通过书本来了解知识，可以通过各种途径来接收更多信息。例如手机、笔记本、电脑、ipad等电子产品，孩子可以通过这些电子工具接触到最新信息，那么利用这样的机会对孩子进行引导，让孩子学会独立思考，敢于发问，是非常好的家庭教育方式。当孩子提出问题的时候，爸爸切勿打击孩子，更不要训斥孩子，认为孩子的问题没有意义。对孩子而言，他们所问出的每一个问题都是非常重要的，爸爸一定要认真回答孩子的问题，不要搪塞孩子。如果遇到问题不知道如何回答，爸爸可以和孩子一起寻找答案，这样就能够保护孩子提问的积极性，让孩子勤于提问。如果爸爸在给出孩子正确答案的同时，还能够以生动活泼的形式激发孩子的兴趣，让孩子更加积极地探求真相，那么这当然是给孩子的好礼物。

在孩子的成长阶段，好奇心就像孩子成长的翅膀，带着孩子在生命的天空中自由翱翔，它能激励孩子学习更多的知识，让孩子变得更充实更快乐。爸爸一定要保护孩子的好奇心，这样孩子才能够快乐度过小学阶段、中学阶段、大学阶段，以至拥有更加幸福的未来。

激励孩子保持旺盛的求知欲

当新生命呱呱坠地之后，没多久就会睁开明亮的眼睛，好奇地观察这个世界。小小的生命对于世界充满了好奇和渴求，孩子们想要了解这个世界。随着不断成长，孩子从被动接受父母传授给他们的各种知识，到心中产生越来越多的疑问，主动地提问，在此过程中渐渐得到成长。

好奇是孩子的天性，尤其是对于那些没见过或不明白的事物，他们更是有着浓厚的兴趣。孩子们关心的东西超出了父母的预期，例如蚂蚁为什么在地上忙忙碌碌地爬，天上为什么会有雷电轰隆轰隆地响，海底世界生活着哪些生物，喜马拉雅山的山顶有一个怎样的世界。他们对于爸爸非常崇拜，所以不管是有了难题无法解决，还是有了事情不能做好，他们都会去向爸爸求助。在他们心目中，爸爸简直就是神一样的存在。

正是在这种心态的影响下，孩子们从牙牙学语开始，不管爸爸是在家里休息，还是忙着工作，他们都会缠着爸爸，围绕在爸爸身边，看爸爸在做什么。他们还会向爸爸提出一些很奇怪的问题，看似是在故意刁难，实际上只是想知道更多的知识。当然，对于孩子的大多数问题，爸爸都觉得不屑一顾。这是因为爸爸已经有了丰富的人生经验，他们无法理解孩子的脑袋里为何会有这些稀奇古怪的想法。如果爸爸对孩子表现出不耐烦或对

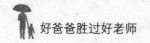

孩子的提问表示质疑，那么孩子就会受到打击，甚至会不愿意继续提问。爸爸要知道孩子们之所以提问，是因为他们有旺盛的求知欲，也是他们勤学的表现。对孩子提出的问题，爸爸一定要认真对待，切勿不以为然，肆意打击和批评孩子。好奇是孩子的天性，好奇心就像是一颗小小的幼芽，会随着孩子的成长而茁壮成长，最终激发出孩子强烈的求知欲。

当然，要想实现这一点，前提就是爸爸能够精心呵护这棵幼芽，让其茁壮成长。如果爸爸对待这棵幼芽的方式很不恰当，甚至伤害这棵幼芽，那么这棵幼芽很有可能在孩童时代就被扼杀。显而易见，对于失去这棵幼芽的孩子来说，即使在升入初中、高中阶段以后，他们对于学习也不会怀有很大的热情。

只有内心积极的孩子才会充满求知欲，很多父母都为孩子不愿意主动学习而烦恼，其实问题就出在求知欲方面。如果孩子充满了求知欲，他们就会呼喊"我要学"，而如果孩子根本没有求知欲，只是父母在要求他们学习时才学，那么对他们来说，学习就是"要我学"。对于爸爸而言，要想帮助孩子在学习方面有更大的进步，就要激发孩子的求知欲，尤其是要让孩子对知识保持强烈的好奇心，这样才能激发孩子的内部驱动力，从而产生持久的学习动力。

爸爸要从多个方面去启发和引导孩子，这样才能够激发孩子的求知欲。具体而言，爸爸可以讲一些名人积极上进的故事给孩子听，也可以分享一些伟人虽然生活条件艰苦，却仍然坚持学习的事例。很多古今中外的名人都非常积极向上，都可以作为激发孩子上进心和求知欲的事例。通过听这些故事，既能够熏陶孩子的心灵，使孩子在思想和情感上产生向上的欲望，也能够让孩子树立梦想，树立志向。如果孩子已经具备了很强的理解能力，那么，爸爸还可以和孩子一起制定学习的目标，让孩子知道自己为何要读书，为何要努力上进。

很多孩子不理解自己为什么要学习那些枯燥乏味的基础学科知识，这是因为他们还不能领会学习的乐趣，因而会对学习产生抵触和排斥心理。在这种情况下，爸爸应该培养孩子的发散性思维，让孩子从不同的角度来看待学习。例如，语文是基础的工具性学科，学好语文可以为学习其他学科打好基础，提升阅读和写作的能力。如果孩子觉得语文是无关紧要的，那么他们就不会看重学习；如果孩子意识到学习语文对生活非常重要，那么他们就会产生学习的欲望，也会保持旺盛的学习力，对于其他学科也是同样的道理。

对于数学，很多孩子都感到枯燥，不喜欢那些数字，也不喜欢运算。爸爸应该帮助孩子把数学学习与现实生活结合起来，例如在外出买东西的时候，可以让孩子负责结算，给孩子一些面额比较大的人民币，让孩子算一算买东西需要多少钱，又应该怎样找零。在此过程中，孩子会觉得非常有趣，尤其是当着其他人的面说出应该找多少钱而得到表扬时，孩子更会感到骄傲，很有成就感。这样一来，孩子当然愿意继续把数学学好了。

除了讲名人故事，把数学学习与现实生活联系起来之外，爸爸还要注意发掘孩子的优点，引导孩子观察生活中各种各样的现象。很多孩子之所以不愿意学习，是因为缺乏信心，觉得自己能力不够，即使非常努力也学不好，这让他们感到特别沮丧。如果能够树立孩子对学习的信心，使他们尝到学习的甜头，那么他们对于学习会更加充满动力。

此外，爸爸还要引导孩子观察生活中的各种现象。生活中的很多现象都与学习到的知识密切相关，只是因为孩子的观察力不够敏锐，对知识的掌握也还不够牢固，所以他们无法把生活中的现象与学习联系起来。当把现实生活中的各种现象展示在孩子面前，并且因势利导，孩子对于学习就会有更深刻的认知。例如，孩子不知道为何要饭前洗手，那么可以利用显微镜，把孩子手上的细菌展示给他们看，这样孩子就会主动洗完手再吃饭；孩子很喜欢做游戏，那么可以利用纸牌作为工具，与孩子一起玩各种有趣的游戏。在此过程中，既可以锻炼孩子的动脑能力，又可以锻炼孩子的动手能力，可谓一举两得。

尤其需要注意的是，爸爸很享受被孩子崇拜的感觉，那么当孩子提出问题的时候，爸爸即使知道问题的答案，也不要直接回答，聪明的爸爸会采取反问的方式激发孩子的思维。如果孩子提出的问题很简单，爸爸认为孩子是可以通过独立思考得出答案的，那么就要引导孩子进行独立思考；如果孩子提出的问题有一定的难度，那么爸爸可以给予孩子适当的提示。面对孩子充满好奇的提问和旺盛的求知欲，最糟糕的方式就是训斥孩子让其不要打扰自己的工作，这会让孩子的求知欲如同熊熊燃烧的烈火被水浇灭一样，马上就熄灭了。爸爸切勿表现出讨厌孩子提问题，虽然每时每刻都回答孩子的问题的确是一件非常辛苦的事情，但是看到孩子点点滴滴的成长，看到孩子始终在坚持动脑，当然是值得欣慰的。

具体来说，对于孩子的提问，爸爸既不要粗暴地拒绝孩子，也不要对孩子有问必答，而是要根据具体的问题及孩子的能力对孩子进行适度引导。粗暴地拒绝孩子，会损害孩子的求知欲和好奇心；对孩子有问必答会让孩子对爸爸越来越依赖，不愿意独立思考，这些对孩子的成长都是没有好处的。

看到这里，相信很多爸爸都会意识到，要想当一个合格的爸爸，仅仅是面对提问这个方面就需要做到更好。的确如此，当爸爸并不是一件简单容易的事情，对每个爸爸而言，当好爸爸是他们需要毕生投入时间精力才能做好的事情。在此过程中，还要有耐心，有智慧，能够引导和启发孩子，陪伴和保护孩子。总而言之，爸爸简直就是无所不能的奥特曼，也只有这样才能受到孩子的欢迎，得到孩子的信赖和尊重。

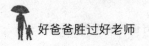

授人以鱼不如授人以渔

自从升入小学五年级，孩子学习任务越来越重，压力也陡然增大。每天下午放学回到家里，佳佳都要用很长时间来完成家庭作业，有的时候因为无法完成老师布置的背诵任务，佳佳还会急得哭起来。

晚上，妈妈做好了饭菜，喊佳佳吃饭，佳佳却在书房里不愿意出来，懊恼地说："我还没有背诵老师布置的课文呢！我不吃饭，你们吃吧！"妈妈说："不吃饭怎么行呢？不吃饭，晚上肯定会饿的，还是先吃完饭再背吧。"佳佳却哭了起来，说："我不，我不。上次我就因为不会背课文被老师批评了。今天晚上如果不把这篇课文背会，我就不吃饭了！"

听到佳佳气急败坏的话，爸爸走到书房里对佳佳说："佳佳，吃完饭，爸爸教你一个背诵的好方法，你愿意学吗？"佳佳兴奋地问爸爸："真的有背诵的好方法吗？老师不是说读书百遍，其义自现，只有反复诵读才能背下来吗？但是，我已经读了很多遍，还是不能背下来。"爸爸笑着对佳佳说："做任何事情都有方法可循，虽然没有捷径，但是使用这些方法会起到事半功倍的效果。爸爸今天就要教你一个特别有效的背诵方法，你一定会很快背会的。"听了爸爸的话，佳佳这才放下心来。她和爸爸一起吃了饭之后，就缠着爸爸去书房里教她所谓的好方法。虽然如此，佳佳心里却直犯嘀咕：爸爸肯定是为了骗我吃饭才故意这么说的，如果真的有背诵的好方法，岂不是人人都不为背诵发愁了吗？

到了书房，爸爸找出一本心理学的著作，翻到其中的一页，指着上面的艾宾浩斯遗忘曲线对佳佳说："如果你能够把艾宾浩斯遗忘曲线研究透彻，那么背诵就会事半功倍。"佳佳疑惑地问："但是，这是遗忘曲线啊，我是要把课文记住，不是要把课文忘记！"爸爸哈哈大笑起来说："遗忘的反面不就是记忆吗？你可以反其道而行，这样不就能够记住了吗？"佳佳恍然大悟，认为爸爸说得很有道理，赶紧捧着这本书研究起来。

佳佳看了遗忘曲线的概念之后，有些不太理解。爸爸对佳佳说："艾宾浩斯遗忘曲线告诉我们，知识在刚刚学完的时候遗忘的速度很快。如果要想减缓遗忘的速度，我们要在刚刚学完的时候就抓紧时间复习。一直以来，老师都说让你们复习当天所学的内容，你们是否做到了呢？"佳佳羞愧地低下头，说："复习的作业老师又不检查，我们总是糊弄了事。"爸爸说："那你有没有发现你们班里有些同学学习很轻松，总能完成老师布置的任务，而且背诵得也很流利？"佳佳点点头，说："我觉得他们天生就很擅长记忆，我属于天生就不擅长记忆的。"爸爸在佳佳的脑门上弹了一下，说："没有人天生就过目不忘，也没有人天生健忘，重要的是要掌握方法。从现在开始，你每天都要复习当天所学的内容，然后在每天晚上和第二天早晨的时候，把需要背诵的内容反复诵读记忆。比起你白天很费力地去背诵，这么做的效果要好得多呢！"佳佳更疑惑了，说："为什么要晚上睡觉前和早晨起床之后背诵呢？白天那么多的时间为何不用呢？晚上睡觉前很困，白天早晨起床之后时间又很紧张。"爸爸说："虽然你在晚上背诵完东西之后睡着了，但你的大脑可没有睡着啊，它还在继续活动。经过一夜的潜意识记忆，第二天早上起来你再进行背诵，就相当于起到了强化的作用。这么坚持两天，你就会发现那些你想记住的东西不知不觉间就已经在你的脑海里扎根了。"

听到爸爸把背诵说得这么容易，佳佳根本不相信，但她也没有更好的办法，只好按照爸爸说的去做。让佳佳感到惊喜的是，在这么坚持做了两三天之后，她就把那些需要背诵的东西背得滚瓜烂熟了。

爸爸教会佳佳的其实就是根据艾宾浩斯遗忘曲线提炼出来的记忆方法，这个记忆方法的效果非常好，它虽然不能提供记忆的捷径，却是记忆的好方法。很多孩子在面对学习的时候都会感到非常困难，尤其是在升入初中、高中之后，面对一些艰巨的学习任务时，他们因为无法完成任务还会感到挫败。在这种情况下，爸爸要注重教会孩子学习的方法。所谓授人以鱼不如授人以渔，爸爸要想帮助孩子记住知识，就一定要教会孩子快速地记住知识的方法。这样，孩子未来在需要记住很多知识的时候，就可以使用这个方法，更快速地进行记忆。

对于很多孩子来说，背诵和记忆都是一个难题。尤其是在小学中高年级阶段及初高中阶段，需要背诵和记忆的内容会越来越多。爸爸要关注孩子的学习情况，及时教会孩子有效的学习方法，这会使孩子在学习上形成自信心，也会让孩子因为取得了良好的学习效果而更加主动地学习。

当然，除了背诵和记忆之外，孩子在学习上还会遇到其他困难。在帮助孩子解决困难的过程中，爸爸不要只注重解决具体的困难，而是要先让孩子明确学习的目的和意义。孩子只有发自内心地想学习，才能在学习上取得更大的进步。除此之外，爸爸也要教会孩子学习的方法，培养孩子良好的学习习惯，明确学习目的。孩子如果能够掌握学习的方法，随着学习习惯的指引，按部就班地完成学习任务，在学习上就会显得非常轻松。

爸爸要知道，孩子的学习并不是朝夕之间就能完成的。在童年到成年的这段漫长时光里，孩子需要始终坚持学习，掌握很多的技能。在此过程中，爸爸不可能总是跟在孩子身边，也不可能总是督促孩子去做各种事情，所以，爸爸就要更注重能够一劳永逸的事情，培养孩子的学习方法。

每个孩子都是独立的生命个体，有自己的脾气秉性和身心发展特点，也有自己对学习的理解。在这样的情况下，爸爸切勿把自己的观点强加于孩子，而是要在理解和尊重孩子的基础上，结合孩子自身的实际情况，教会孩子方法，培养孩子良好的习惯。所谓授人以鱼不如授人以渔，这里的"渔"不再单纯是捕鱼的方法，而是指应该达到学习的目的的途径。

曾经，人们把文盲定义为不识字的人，而在现代社会，文盲不仅仅指不识字的人，还指那些没有学习能力的人。现代社会非常注重学习的能力，知识更新换代的速度也很快，所以爸爸更要注重培养孩子的学习能力，才能让孩子受益一生。

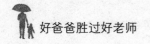

和孩子一起爱上阅读

　　乐乐哥哥小时候很喜欢看书，五岁的时候，就已经认识了1000多个字，可以独立阅读了。但是甜甜妹妹却不喜欢看书，现在，甜甜妹妹也已经五岁了，相比起乐乐哥哥小时候，甜甜对于阅读的兴趣很淡。看到甜甜每天都盯着电视看，爸爸非常担心，为了给甜甜未来的学习和生活打下良好的基础，爸爸决定要培养甜甜热爱阅读的好习惯。

　　该怎样才能让甜甜爱上阅读呢？爸爸决定从给甜甜讲故事开始。妈妈在网上精心选购了一些好的绘本，由爸爸负责晚上给甜甜讲一到两个故事。甜甜最喜欢听爸爸讲故事了，每次洗漱完之后，听说要讲故事了，她都会主动关掉电视，不再看动画片，而是乖乖地坐在床上等着爸爸来讲故事。就这样，爸爸坚持给甜甜讲了半年的故事。有一段时间，爸爸出差，由妈妈给甜甜讲故事，妈妈发现甜甜已经把大部分故事都记住了。妈妈指着绘本上的文字，甜甜居然能够读出来，妈妈感到非常惊喜，赶紧把这个好消息告诉了爸爸。

　　爸爸出差回来之后决定和甜甜换一种阅读的方式。他对甜甜说："甜甜，爸爸都已经坚持给你讲故事这么久了，接下来由你给爸爸讲故事，好不好？"甜甜很为难地说："但是，有的字我不认识。"爸爸说："没关系，你在给爸爸讲故事的时候，遇到不认识的字，爸爸马上就会告诉你的。"得到爸爸的支持，有爸爸作为坚强后盾，甜甜这才放心地说："那好吧，我就试着给你讲讲吧。"

甜甜第一次讲故事，讲得磕磕巴巴，但爸爸听得非常认真。听到好玩的地方，爸爸会高兴得哈哈大笑；听到伤心的地方，爸爸还会沉浸在故事情节中，居然流眼泪。看到爸爸这么投入地听故事，甜甜讲故事的热情越来越高。就这样，甜甜讲故事从磕磕巴巴到非常流畅，她渐渐爱上了阅读。后来，爸爸又想讲故事给甜甜听，甜甜却对爸爸说："爸爸，我不想听你讲故事了，我想自己看。还和以前一样，有不认识的字，我就问你，好不好？"爸爸当然求之不得，其实他的目的正在于此。

为了给甜甜营造良好的阅读氛围，爸爸和妈妈约定晚上谁也不看电视。哥哥在书房里写作业，爸爸妈妈和甜甜在客厅里看书。大家都非常安静，有的时候看到好玩的故事，甜甜还会"咯咯咯"地笑起来。每当这时，爸爸妈妈都会心地相视一笑，觉得非常欣慰。

爸爸妈妈送给孩子最好的礼物就是书籍。书籍是人类的精神食粮，也是孩子精神的养分。古今中外，一切有所成就的人，不管出身如何，也不管经历了怎样的成长过程，都有一个共同点，那就是他们都非常热爱读书，也都以读书的方式坚持学习。其实，阅读不仅仅是一种学习的方式，更应该成为一种生活方式。如今国家提倡全民阅读，就是希望能够通过读书来提升全民素质，进而改变整个国家和民族未来的命运。一个人要想有所成就，就一定要坚持阅读，让阅读成为一种习惯。爸爸要从小培养孩子热爱阅读的好习惯，这将会使孩子一生受益无穷。

也许有些爸爸会觉得孩子在学校里上课、写作业已经是在进行学习了，其实这样的观念是非常狭隘的。因为学校里所教授的知识和技能是非常有限的，只有阅读才能够让孩子通过文字见识到世界的广袤无垠，历史的深沉厚重。在读书的过程中，孩子可以如同海绵吸水一样吸收更多的知识。在学校里，孩子不可能学到所有的知识和技能。从本质上来说，学校教育只是教孩子学习方法，为孩子将来终身学习奠定良好的基础。只有阅读，才是一个人可以持续一生的学习方式，也只有阅读，才能够让我们以最方便快捷的方式坚持成长。

现代社会有着各种诱惑，很多爸爸本身就不喜欢读书。经过一天辛苦的工作回到家里之后，他们更想和朋友一起喝酒唱歌，或者玩一会儿游戏、看看电视。总而言之，他们很难静下心来捧着一本书阅读。显而易见，如此好玩的爸爸很难给孩子做好榜样。要想培养孩子阅读的好习惯，爸爸首先要改变自己的生活方式。当夜晚降临的时候，何不挑灯夜读呢？读书并不会使人感到枯燥，当我们真正进入书本里与伟大的作者进行心灵的沟通和交流时，我们就会发现书中的世界远远比电视、电脑、电子游戏中的世界精彩得多。爸爸也要认识到培养孩子的阅读兴趣是一项需要长期坚持的大工程，不可能一蹴而就。所以爸爸要做好心理准备，要有足够的信心和耐心，能够以身示范，给孩子做好榜样，这样才能够切实引导孩子，从不喜欢阅读到对阅读感兴趣，从对阅读感兴趣到形成阅读的好习惯。等到孩子真正爱上了阅读，只怕爸爸想把书从孩子手中拿走都做不到。

首先，培养孩子阅读的好习惯一定要趁早。很多爸爸都觉得要等到孩子认识一定数量的汉字之后，再培养孩子阅读的习惯，这样的想法是非常狭隘的。如今有很多优质的绘本，即使是一两岁的孩子也能够通过看图片来阅读，所以孩子阅读习惯的培养应越早越好。

通常情况下，孩子在四岁左右就已经认识一定数量的汉字，那么爸爸就可以适当放手让孩子独立阅读。在此之前，则可以培养孩子阅读绘本的习惯。孩子之所以喜欢听父母讲故事，是因为他们的识字量太少。当孩子有了一定的识字量，并且能够坚持自主阅读的时候，他们就会感受到阅读的自由，也会喜欢上这种自主选择阅读内容的方式，当然就不再需要爸爸妈妈为他们讲故事了。

其次，要营造良好的读书氛围。在家庭生活中，如果爸爸妈妈都在干其他的事情，非常吵闹，孩子是无法静下心来阅读的。读书必须有良好的氛围，孩子才能够沉浸在书中的世界，保持注意力集中和心情愉悦。所谓良好的阅读氛围应该具备两个方面的条件。第一个就是硬件设施。如果家里没有书，那么孩子如何能爱上阅读呢？反之，如果家里到处都放着书，随处走都能看到书，不管走到哪里，都可以随手拿起一本书，那么，孩子即使对阅读不感兴趣，随着阅读的机会越来越多，阅读的条件越来越便利，他们也会感受到阅读的魅力。第二个就是软件指标。所谓软件指标，就是父母要能够给孩子做好榜样，当着孩子的面专心阅读，这样孩子才能够学习父母的样子，也沉浸在书海之中。爸爸一定要戒掉玩游戏、看电视的习惯，把宝贵的夜晚时间用来充电，在提升自己的同时还能给孩子做好榜样，何乐而不为呢？

再次，每天都要保证有一定的读书时间。阅读是一个通过长期积累，由量变达到质变的过程。所谓喜爱阅读，并不是说今天捧起书本读十分钟就是读书人，真正的读书人每天都要花一定的时间坚持读书，这样日积月累，才会形成很大的阅读量。所以，爸爸在给孩子制订阅读计划的时候，不要贪多嚼不烂，而是要遵循循序渐进的原则，注重积累，每天都让孩子坚持阅读一段时间，这样孩子才能形成良好的阅读习惯。随着不断积累，他们会学会更多的知识，思想也会更加深刻，逻辑性也大大增强。

最后，爸爸不要只知道带着孩子去游乐场玩耍。每当周末或者节假日的时候，除了带孩子去郊外郊游，去游乐场里尽情狂欢，爸爸也可以带着孩子去书店里零距离接触图书。书店是一个开放的地方，如今很多书店都允许读者在书店里读书，所以，如果家离书店很近，爸爸可以经常带着孩子去书店，让孩子感受书店里的书香气息。除了书店，带孩子去图书馆也是很好的选择。很多大城市里都设有免费的图书馆供市民阅读之用，也可以把书借回家。此外，还可以经常给孩子买书。虽然古人说书非借不能读也，但对于一些经典的读本，对于那些刚刚进入市场的新品图书，我们还是可以花一些经费把它们买回家的，这会让孩子在家庭生活中始终都能够感受到浓郁的书香气氛。

当然，不管以哪种方式培养孩子的阅读习惯，最终目的一定是要让孩子感受到读书的乐趣。孩子之所以对做游戏乐此不疲，就是因为他们在做游戏的过程中感到非常快乐。那么要想让孩子像喜欢做游戏那样喜欢阅读，爸爸也要让孩子感受到阅读的快乐。首先，爸爸要多多鼓励孩子。尤其是当孩子在读书之后想要交流感受时，爸爸一定要做好功课。爸爸可以提前读读孩子所读的书，这样才能够与孩子针对读书感悟进行交流。当孩子非常欣喜地把他（她）的收获告诉我们的时候，爸爸更要为孩子感到开心。爸爸坚持让孩子分享读书的成果，孩子才会获得更大的成就感，继而对阅读产生更浓厚的兴趣。

　　读书会影响我们的人生，也会改变我们的命运。在读书的过程中，孩子虽然并不会在当下发生很显著的变化，但岁月在书香中沉淀，书中的人物在孩子的心灵中变得鲜活。在和这些人一起共鸣的过程中，孩子会得到更快的成长，生命也会变得越来越丰盈、厚重。

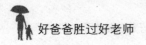

劳动最光荣

在成长的过程中，每个孩子都要上好劳动这一课。因为，要想过更好的生活，要想让生活整洁有序，就必须热爱劳动。但现在很多孩子都缺乏劳动意识，这是因为他们从小到大都习惯了接受父母无微不至的照顾，渐渐形成了依赖性。又因为他们从没有接受过劳动的磨炼，所以他们很畏惧劳动。不管有什么事情，他们都会第一时间求助父母，这样的孩子即使长大成人，学会知识，掌握技能，走上社会，也可能会因为太过懒惰而无法胜任工作。

在家庭生活中，爸爸往往需要承担很多体力劳动和技术性劳动。例如家里买了大米，需要由爸爸扛上楼；家里的灯泡坏了，需要爸爸修理。在此过程中，爸爸可以给孩子做好榜样。如果爸爸有想法，还可以为孩子提供劳动的机会，让孩子体会劳动的快乐，也让孩子感受到被人需要的幸福。爸爸在劳动的时候一定要调整好心态，用良好的情绪，让孩子感知到只有劳动才能够获得幸福。一个人如果好逸恶劳，贪图享受，就会导致生活过得一团糟糕。俗话说，樱桃好吃树难栽，不下苦功花不开。这是因为不管做什么事情都不可能一蹴而就获得成功。越是想要获得巨大的成功，就越是要坚持付出，劳动方面也正是如此。虽然劳动往往是针对生活中的一些琐事，但恰恰是这些家务事更考验人的耐力和勤劳。每个人要想获得美好的东西，就必须付出劳动，挥洒汗水。只有让孩子明白这个道理，他们才会坚持不懈地去付出，也才会加倍珍惜自己历经辛苦得到的成果。

现代社会，在很多家庭里，父母都特别溺爱孩子，他们不愿意培养孩子的劳动能力，让孩子渐渐形成了好逸恶劳、贪图舒适、不喜欢劳动的心理。他们不管做什么事情都要依赖父母，觉得这是理所当然的，并不会因此对父母心怀感恩。

如果父母只看重孩子的学习能力，注重使孩子获得知识，掌握技能，却忽视对孩子劳动能力的培养，那么孩子学习成绩可能非常优异，但在劳动方面却非常落后。有一些高考状元在学习方面出类拔萃，但在生活方面却像一个低龄幼儿，什么都不会做，需要依靠父母的照顾才能生存下去。每次听到孩子高分低能的消息，父母往往会感到非常震惊，尤其是爸爸，不知道为什么有些父母会把孩子养成巨婴一样。实际上，现实生活中有很多父母都在这样疼爱和宠溺孩子。有些父母甚至直截了当地告诉孩子不需要做家务，只要把学习搞好就行。有调查机构研究显示，在中国的城市家庭中，每个孩子每天只有十分钟用于劳动。而在美国，孩子们每天至少要花费一个小时劳动。

在大多数家庭里，孩子从来没有做过任何家务事，诸如洗碗、拖地、洗衣服。即使到了学校，开始住校，他们也不能自理，常常需要把衣服带回家去洗。在学校教育中，也没有开设劳动这门课，老师们都以提升孩子的学习成绩为首要任务，这使得孩子们动手的机会越来越少，生活自理能力得不到发展。即使有能力可以做好的事情，他们也懒得去做，或者根本不知道应该如何做。

前些年曾有报道说，有大学毕业生在报到的第一天，因为不会铺床而不得不坐在床上度过一夜，也有大学生在初次吃食堂的饭的时候看到带壳的鸡蛋感到非常惊讶，不知道应该如何剥掉蛋壳。不得不说，这样的高分低能使孩子失去了生存的能力，即使有再好的成绩又有什么用呢？

爸爸要想培养孩子的劳动能力，让孩子认识到劳动最光荣，就应该端正自己的教育态度，也要端正自己的教育价值观。作为爸爸，切勿把家庭教育理解为智力开发，否则就会忽略对孩子的独立性和劳动习惯的培养。也有一些爸爸觉得孩子上学非常辛苦，白天要听老师讲课，晚上回到家还要做各门学科的作业，负担很重。基于这样的想法，爸爸不想再给孩子增加额外的负担，也考虑到有一些家务活有一定的危险性，例如擦玻璃等，爸爸生怕孩子在做家务的过程中发生危险。还有一些爸爸觉得孩子能力有限，很多家务都做不好，还不如自己一步到位直接做好。不管出于哪种心态，爸爸包办孩子的家务活，代替孩子做好所有事情，都会限制和禁锢孩子能力的发展。孩子需要进行劳动实践，才能不断提升自身的能力。对于很多事情，孩子可能做得不够好，但是没关系，只要他们坚持去做，愿意去做，勤于练习，就会做得越来越好。没有孩子天生就会做各种各样的家务活，也没有孩子天生就喜欢劳动。爸爸要对孩子起到引导作用，要让孩子认识到劳动是很光荣的，也要让孩子知道劳动是非常重要的，这样孩子才会更愿意劳动。

在培养孩子热爱劳动的好习惯时，爸爸要注意以下几点。首先，不要觉得孩子小，就不能做任何家务事。家务事的种类很多，针对孩子不同的年龄段寻找，总有适合他们的家务事可以做。有一些爸爸觉得家务活无足轻重，让孩子做这些很小的事情并不能使孩子爱上劳动。实际上，对于孩子来说，当他们完成了这些琐碎的家务事，就会感受到快乐和满足。在坚持做家务的过程中，他们的自理能力会越来越强，还会渐渐形成对家庭的责任感和对社会的责任感。

其次，爸爸要尊重孩子想要劳动的意愿，培养孩子热爱劳动的意识。孩子在两岁前后，随着自我意识的觉醒，凡事都想要靠自己去完成。例如两岁的孩子想自己穿衣服、洗脸、刷牙，还想自己洗袜子、短裤等。除此之外，他们还会亲手去做一些其他的事情。在这种时候，爸爸切勿觉得孩子是在添乱，而是要鼓励孩子做得更好。如果爸爸经常压制孩子想要独立的愿望，那么孩子将来对生活的态度就会非常消极，什么事情都不想做。所以爸爸一定要抓住这个时机对孩子进行自我意识的培养，也要帮助孩子养成良好的劳动习惯。

再次，要给孩子提供机会，让孩子亲自动手。现实生活中有很多父母，尤其是妈妈，把孩子照顾得无微不至，什么事情都不让孩子做，什么事情都不让孩子去尝试，什么苦都不让孩子吃。即使只是一些很小的事情，他们也不敢放手去让孩子做。例如妈妈辛辛苦苦做好了饭，可以让孩子摆盘子、摆筷子，吃完饭之后也可以让孩子刷碗。但妈妈生怕孩子会把碗摔碎，伤到自己，却不知道随着孩子长大、能力增强，已经可以做好这些事情了。再比如，如果孩子想自己吃饭，妈妈也应该让孩子自己吃。虽然孩子第一次独立吃饭可能吃得不太好，会把饭撒得到处都是，但随着练

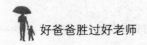

习的次数越来越多，孩子一定会吃得越来越好。每个孩子的成长都是一个循序渐进的过程，不管是妈妈还是爸爸，都不能因为舍不得孩子吃苦受累，就代替孩子做好一切事情，也不要认为孩子还小，长大了之后就会做所有的事情。如果孩子不能从小练习，从小养成热爱劳动的好习惯，那么孩子将来就无法自立。

最后，要培养孩子独立自主、无所畏惧的精神。对于每个孩子来说，生活的自理能力都是至关重要的，尤其是在面对困难的时候，孩子更要有勇往直前的勇气。偏偏现在很多孩子因为从小就习惯了接受他人的照顾，习惯了依赖他人，不能勇敢地承担责任，在面对困难的时候，也常常会畏缩胆怯。要想让孩子坚强独立，就要让孩子发展各方面的能力。孩子在一岁半之后就已经有了强烈的动手欲望，想要做好各种事情，爸爸要抓住这个机会，培养孩子的自理能力，让孩子越来越独立，越来越坚强。

看起来，孩子只是尝试着服务自己，但实际上，这对于培养他们的劳动习惯是非常有好处的。孩子只有先服务自己，才能够服务他人。从日常生活中的吃饭、穿脱衣服、整理玩具等这些小事情做起，孩子如果能把这些事情做得越来越好，那么他们渐渐就能把其他的事情也做好。当然，在此过程中，如果孩子出现畏缩心理，爸爸要给孩子做好榜样，要告诉孩子如何才能做得更好。尤其是在孩子面对困难的时候，爸爸更要为孩子树立榜样，要给予孩子勇气和信心，这样孩子才能无所畏惧，勇敢尝试，努力坚持。

有一些儿歌也是关于劳动的，例如《我爱劳动》等。这些歌谣读起来朗朗上口，唱起来非常悦耳，爸爸可以教孩子唱这些歌，让孩子知道劳动是一件非常光荣的事情。爸爸要从小对孩子进行劳动教育，培养孩子热爱劳动的好习惯，孩子才会热爱劳动，热爱生活。

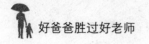

用好网络这把"双刃剑"

最近，爸爸发现乐乐晚上完成作业的时间越来越晚。这才只是上初一，如果现在孩子每天晚上就要熬到深夜才能完成作业，那将来到了高中可怎么办呢？爸爸一开始以为是因为老师布置的作业很多，就询问了其他家长，这才知道其他孩子每天晚上基本都能在十点之前完成作业。爸爸这才意识到问题出在乐乐身上。

经过观察，爸爸发现乐乐经常借打开电脑查资料的机会浏览各种无关的新闻，不知不觉就会花费很长时间，这使得他完成作业的时间不断延后。找到了问题的症结所在，爸爸开始琢磨应该如何帮助乐乐戒掉网瘾，学会正确运用网络为自己的学习和生活服务。

周末，爸爸等乐乐完成了作业，很认真地和乐乐进行沟通。爸爸问乐乐："你觉得你最近完成作业这么晚，问题出在哪里呢？"乐乐心虚地说："我每天要写作业，还要复习预习，肯定要花费这么长的时间。"爸爸说："但据我所知，老师的作业量并没有增加。你们正处于学习初级阶段，学习的内容也没有增加，为何写作业的时间却突然延迟了一两个小时呢？这是不正常的。要知道，专心致志地写，一两个小时可以完成很大的作业量呢。"

　　听到爸爸的分析，乐乐不由地低下了头。爸爸语重心长地对乐乐说："我觉得你的问题出在过于依赖电脑上，你看你每天不打开电脑就不能写作业。爸爸很清楚网络上的新闻良莠不齐，如果被某一个新闻吸引住，点开链接，不知不觉就会用掉半个小时或者一个小时。我想，你应该改掉依靠电脑写作业的习惯。我已经问过老师了，你们各科作业都不需要依靠电脑完成，而且老师也不建议你们在写作业的时候过度依赖电脑。"

　　听到爸爸的话，乐乐有些恼火，说："每个人的学习习惯不一样，我并没有因为使用电脑导致学习成绩下降。"爸爸点点头说："对，这也正是我要表扬你的地方。你的确使电脑发挥了好的作用，但如果你用电脑的时间过长，影响了休息，那么就会损害你的身体健康，所以还是要控制使用电脑的时间。从现在开始，你每天只能使用电脑20分钟，用来集中查那些需要查的问题。周末的时候，你每天可以使用电脑两个小时，玩游戏或者查资料，由你自己安排。"听到爸爸的话，乐乐虽然不乐意，但是他没有理由反驳。果然，在关掉电脑写作业的这段时间里，乐乐完成作业的时间至少提前了一个小时。爸爸感慨道："孩子的自控力是有限的，不能把电脑完全交给孩子支配，而是要帮助孩子学会用好网络这把双刃剑！"

　　网络是把双刃剑，对于缺乏自控力的孩子而言，一旦对网络使用不好，就会使生活和学习的规律被打乱。孩子可以把网络当作学习的工具，通过网络来了解世界。在学习劳累的情况下，孩子也可以玩一些网络游戏进行娱乐，只要适度，也会起到积极的作用。反之，如果孩子始终沉迷于网络，或因为过度使用网络而影响了正常的学习和生活，爸爸就要对孩子进行干预。

在发现孩子不能合理使用网络的时候，爸爸要先与孩子进行沟通，了解孩子沉迷网络的原因是什么。如果孩子只是因为不知道如何正确使用网络，导致在网络上花费的时间过长，那么爸爸可以教会孩子正确的使用方法。如果孩子是因为迷恋网络游戏，那么爸爸要告诉孩子，网络游戏只能当作娱乐，而不能够作为生活的全部。当然，如果发现孩子试图利用网络的时候，爸爸也可以与孩子针对网络进行一些互动。例如，爸爸可以和孩子一起玩网络游戏，在此过程中，双方会有更深入的沟通，爸爸也会更了解孩子的心理。很多爸爸都把网络游戏当成一种可怕的东西，坚决不让孩子碰网络游戏。实际上，如果爸爸对孩子限制得过于严格，反而会激发孩子对网络游戏的好奇心，导致孩子在玩网络游戏的过程中出现上瘾的情况。

不得不说，这样因噎废食的教育方式对于孩子的教育毫无好处，父母首先要信任孩子，才能走进孩子的内心。如果爸爸通过把电脑放在房间里锁起来等方式，强行要求孩子远离网络游戏，这会导致亲子之间失去信任，甚至产生敌对情绪。这么做不但会导致孩子的不满，父母也会因此而感到非常疲惫，最终事与愿违。

有一些孩子因为在家里不能使用网络，就会选择去网吧玩游戏，或者浏览各种不良网页。这样一来，爸爸不仅不能对孩子的上网进行监督，反而会导致更糟糕的后果。也有一些爸爸会采取不给孩子零花钱的方式阻止孩子去网吧，实际上，孩子可以通过各种渠道得到零花钱。所以只是通过生硬隔离的方式来阻断孩子与网络之间的联结是根本不可行的。

爸爸一定要了解孩子喜欢上网的根本原因。有些孩子喜欢上网，是因为生活中得不到父母的陪伴。很多父母工作非常忙，每天都很晚才回家，没有机会与孩子沟通和相处，渐渐地，孩子就会在网络上寻找寄托。还有一些孩子在现实生活中没有朋友，喜欢在网络上和网友一起玩游戏。针对这样的情况，爸爸要引导孩子在生活中结交更多的朋友。对于孩子的网瘾或者是游戏瘾，爸爸可以参考大禹治水的经验：宜疏不宜堵。堵塞孩子与网络接触通道的结果，是导致孩子对网络更好奇，也会更加沉迷于网络。而疏通孩子的网瘾，让孩子有机会接触网络，引导孩子把网络当成学习的工具，才能够使孩子正确使用网络，让网络发挥积极正向的作用。

爸爸一定要认识到，网络本质上不是一个坏东西，虽然网络是虚拟的，但我们通过网络可以便捷地查阅很多资料，还可以借助网络与很多专家、网友进行沟通和交流，得到想要的信息，这是互联网非常强大的功能。在互联网上可以得到很快的成长，但现实的世界毕竟才是真实的，我们无法完全沉迷于虚拟的网络。在这种情况下，引导孩子把虚拟的网络和真实的现实结合起来，在这两者之间寻求平衡，是爸爸需要努力去做的事。

孩子终究要学会使用网络，爸爸不管对此是支持还是反对，都不能阻挡这个进程的到来。爸爸要想一劳永逸地解决孩子上网的问题，可以在和孩子协商的情况下，共同制定网络使用规则。例如规定孩子上网的时间，经常和孩子交流上网的体会。最重要的一点，就是要让孩子明确上网的目的。如果孩子不知道上网真正的目的是什么，那么他们在网络上就很容易迷失。作为爸爸，要给孩子做好榜样。有一些爸爸本身非常喜欢玩网络游戏，可想而知，孩子耳濡目染，可能也会沉迷于网络游戏。为了给孩子做好榜样，爸爸要知道网络游戏的作用，也要告诉孩子怎样使用网络才能对生活、学习、工作起到助力作用。相信在爸爸的言传身教之下，孩子一定会有更深的感悟，用好网络这把双刃剑。

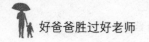

爸爸不缺席，孩子成长不缺"钙"

《三字经》里说，"养不教，父之过"。这句话告诉我们，作为爸爸，如果生了孩子只知道养活孩子，却不去教育孩子，那就是严重失职。古人早就明白了这个道理，在现代社会生活中，却有很多爸爸都做不到教育孩子，他们或忙于工作，或因为生存的压力太大，而拒绝履行教育孩子的责任。他们总以为只要赚到足够的钱，给孩子吃饱穿暖，就已经对孩子尽到了养育的责任，却没有想到由于爸爸在孩子的教育中缺席，可能导致孩子的成长严重缺"钙"。有些孩子甚至因为在幼儿时期没有得到爸爸的陪伴和爱，导致一生都严重缺"钙"，这是非常糟糕的后果。

周五，爸爸正忙着开会，就接到老师的电话。看到是老师的电话，爸爸心中一惊，还以为孩子在学校里闯祸了！接通电话之后，听到老师说周六要来家访，爸爸悬着的心这才放下来。爸爸对老师说："老师，您来吧，孩子和妈妈在家呢。我周六有个应酬，要出席一个宴会，您到时候和孩子妈妈说就行。"听到爸爸的话，老师当即表示反对，说："我之所以选择周六去家访，占用我自己的休息时间，就是因为听到琪琪说您工作特别忙，我想在周六总能见到您一面吧！希望您能够重视孩子的教育，抽出时间来和我见一面。"听到老师这么说,爸爸没有办法再推辞,只好说:"那好吧,老师,我把应酬推掉。您大概几点来?我在家里等您。"就这样,爸爸和老师约好见面的时间,老师再三叮嘱爸爸不要失约。

周六,老师如约到来,与爸爸寒暄了几句,就开门见山地对爸爸说:"琪琪爸爸,我今天之所以来家访,是因为琪琪身上最近发生了一些状况。前段时间我布置了一篇作文,名字叫《我的爸爸》,全班同学只有她一个人没有写,她还说她已经不记得爸爸长什么样子了。"我感到很纳闷:"你们生活在一起,孩子怎么会不记得您长什么样子呢?我以为孩子是在撒谎,后来在和琪琪沟通之后,才知道她的确已经很多天没有见到您了。那么作为爸爸,您知道自己已经有多少天没有和琪琪见面了吗?"

听到老师问这个问题,爸爸显然没有做好心理准备,当时就愣住了。他结结巴巴地说:"我怎么可能会没有和琪琪见面呢?我每天都回家。"老师笑起来说:"您说的话跟我说的一样,我也是这么对琪琪说的。但是琪琪告诉我,她每天晚上睡觉的时候您都还没有回家,早晨醒来去上学的时候,您还没有起床。所以虽然同住在一个屋檐下,但你们已经有68天没有见面了,您知道时间有这么久吗?"爸爸不知道该如何回应老师,他满脸通红,感到非常羞愧。老师说:"其实,对于五年级的孩子而言,写作《我的爸爸》或者《我的妈妈》《我的奶奶》等题目的作文等都是非常简单的,因为写人的作文发挥空间很大,又因为写的都是自己熟悉的人,但琪琪却没有交上这篇作文,所以我觉得很有必要跟您见一面说说这个情况。"

爸爸这才缓过神来,对老师说:"老师,我真是没有想到已经68天没有和孩子见面了。我真不是一个称职的爸爸,虽然我是为了给孩子提供更好的生活条件,但我的确忽视了孩子。"老师点点头说:"您能有这样的认

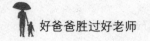

知当然是非常好的，这说明您知道自己哪个地方做得还不到位。我希望在将来的日子里，您能够更加关注孩子的成长，多多陪伴孩子。钱是永远挣不完的，但孩子的成长却是不可逆的。等到孩子长大了，您再想陪伴孩子，孩子又去忙活她自己的事情了，这样一来，您还有多少时间和孩子相处呢？琪琪这个孩子非常胆小，做什么事情都很害怕。虽然她是女孩，但这样的胆怯也有些过度了。我问过她，她说妈妈担心她的安全问题，很多事情都不让她做。其实，这就是父爱缺席对孩子的影响。如果您经常陪伴孩子，我想您对孩子肯定会比妈妈更加放得开手，孩子也会渐渐变得勇敢起来。"听了老师的一番话，爸爸当即表示以后一定要当一个合格的好爸爸，会调整好工作与生活的关系。

老师说得很对，正是因为爸爸陪伴琪琪比较少，所以琪琪受到妈妈的管束，才会非常胆小怯懦。其实，这是因为孩子成长过程中缺"钙"了。很多父母都知道孩子如果身体缺钙了，就会出现生长缓慢的情况，个子长不高。这只是营养素的钙质缺少对孩子带来的影响，如果把爸爸的爱作为孩子精神成长的养料，当爱缺失，那么孩子在精神上就会变得非常矮小。

爸爸不管工作多么忙，也不管生活多么艰难，都不要忘记陪伴孩子，更不要忘记在陪伴的过程中给予孩子对于点滴之事的指导。毕竟对于孩子而言，爸爸的陪伴和妈妈的陪伴是不同的。现实生活中，很多孩子和妈妈在一起生活的时间更长，虽然他们也和爸爸生活在一起，但却很少和爸爸沟通，也很少和爸爸在一起吃饭。尽管传统的家庭模式决定了爸爸是主外的，妈妈是主内的，但爸爸在主外的同时，也不能忘记履行教育孩子的责任。

　　男性和女性的性格特点是不一样的，男性更加刚强，女性更加柔软。如果孩子在小学阶段、中学阶段经常和女性在一起相处，受到女性的影响就会很大。曾经有调查机构研究发现，很多幼儿园、小学的男孩都呈现出女性化的性格特点，这是因为在幼儿园和小学阶段，老师通常都是女性，很少有男性。又因为在家庭生活中，一般也都是由妈妈负责带养孩子，爸爸外出打拼，所以，孩子在成长过程中接受男性影响的机会就比较少，这种父教缺失的状态，直接导致孩子在成长过程中呈现出女性化的性格倾向。

　　孩子的成长是不能够等待的。如果在家庭教育中父爱缺失，那么孩子的成长就会缺"钙"。爸爸是孩子最好的榜样，不但能够让孩子变得勇敢坚强，还能够帮助培养孩子的责任感。所谓的家庭教育都是在陪伴的过程中进行的，爸爸切勿觉得陪伴孩子无关紧要。对于孩子而言，爸爸的陪伴比收到价值昂贵的礼物更加重要。当然，没有人天生就是非常优秀的爸爸，每一个优秀的爸爸都是在当爸爸的过程中坚持学习、不断改进才让自己变得越来越优秀的。作为爸爸，如果您不想让孩子缺少关爱和陪伴，不想让家庭教育缺少爸爸的部分，那么就应该更加用心地为孩子付出。爸爸只有常常陪伴孩子，真心热爱孩子，孩子的成长才会充满父教的"钙"。

第二章

陪伴，打造亦师亦友的亲子关系

近些年来，很多教育专家都主张父母应该成为孩子的朋友。那么作为爸爸，平日里忙于工作，如何才能够与孩子进行深入的沟通，达到情感交融的目的呢？对于爸爸来说，这是一个难题，也是一个无可回避的课题。爸爸要想做到这一点，就要端正教育思想，要选择正确有效的方法来对待孩子，为孩子创造合适的教育条件，营造最适合孩子成长的家庭氛围。这些条件涉及到方方面面，看似非常复杂，但实际上它们都有一个最基础的前提，那就是爸爸也要把自己当成孩子，这样才能理解孩子的所思所想，感受孩子的喜怒哀乐，真正走入孩子的心中，与孩子成为彼此信赖和真诚对待的朋友。

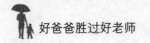

爸爸也是一个没有长大的孩子

爸爸和乐乐一起来到地下车库，准备送乐乐去学校。爸爸坐到驾驶座上，站在后排车门外的乐乐正准备打开车门的时候，突然看到在机械车位的尾部有一个凸起的东西，他问爸爸："爸爸，那个东西是什么呀？"爸爸随口回答道："那是电机。"乐乐上车坐好，爸爸开着车驶出地库。

从家到学校大概需要行驶 20 分钟，开了没几分钟，爸爸突然对乐乐说："乐乐，以后遇到问题要注意观察，勤于动脑。"乐乐觉得爸爸的话很无厘头，就没有吭声。爸爸继续对乐乐说："刚才，你问爸爸那个凸起的东西是什么，实际上你只要再往前走几步，就能看到那是一个电机，是为机械车位提供动力的。"乐乐对爸爸的话不以为然，说："我只是看到了随口一问，如果我特别想知道它是什么，而且你没有在我身边，我自己就会去看的。"爸爸却继续对乐乐说："你看，你就是太过依赖我们了。明明自己可以过去看，却偏偏要问我，非要我不在身边的时候你才自己去看。那么，你为什么不能自己去看呢？"乐乐觉得爸爸的话很难理解，他再次对爸爸说："我只是随口问你，你想告诉我就告诉我，你不想告诉我也没关系。但你已经告诉我了，现在为什么又要这样责怪我呢？"爸爸说："我不是责怪你，我只是在告诉你一个道理。"乐乐觉得他无法接受这个道理，因而沉默不语。一个原本非常美好的早晨就因为爸爸的问题使两人陷入了尴尬的气氛之中，乐乐随后都没有说话，不像以往那样把学校里发生的事情都告诉爸爸。爸爸也因为对乐乐不满意，始终保持沉默。

晚上回到家里，乐乐在洗澡的时候把衣服扔在地板上，爸爸看到之后很不满意，对乐乐说："你要把脱下来的衣服放到洗衣机里。"乐乐说："我已经脱光了进入洗澡间。我想等洗完澡之后，再把衣服放入洗衣机。"爸爸又开始喋喋不休："你就是懒惰。你如果不懒惰，就不会总是让别人跟在你后面把脏衣服放到洗衣机里，及时把衣服放入洗衣机也不会耽误妈妈洗衣服，但你总是做不到。"乐乐无可奈何，只好裹上浴巾出来，把衣服放到洗衣机里。看到乐乐再次进入洗澡间开始洗澡，妈妈对爸爸说："你能不能不要这么唠叨，他还是个孩子呢！"爸爸不以为然地说："他怎么是个孩子呢！他都已经一米八了，比我还高呢！"妈妈无奈地说："他即使长到两米高，也只是一个 13 岁的孩子。你对他发脾气不是有点太无厘头了吗？你要是想告诉他怎么做，你就直接告诉他，但不要质疑他。你在 13 岁的时候就能把所有事情都做好吗？"趁着乐乐在浴室里洗澡的时候，妈妈和爸爸进行了一番争论，爸爸虽然不愿意承认自己对乐乐的教育方式有问题，但也略微有了一些收敛。

经过几天的思考，爸爸意识到自己可能真的把乐乐当成了一个成人，而忽略了乐乐还是一个孩子。爸爸决定改变对待乐乐的态度和方式。有一天晚上，乐乐睡着了，爸爸走到乐乐的床前，看着乐乐稚嫩的脸颊，忍不住对妈妈说："你说得对，他还只是一个孩子。虽然他长得已经比我高了，但他永远都是我的儿子！"

　　孩子在 12 岁前后进入青春期，身高和体重都会快速增长，这使很多爸爸都产生了一种错觉，觉得曾经那个小小的孩子转眼之间就长大成人了。不知不觉中，他们从心理上也把孩子当成成人对待，而实际上，初入青春期的孩子，尽管身高比爸爸更高，身材也变得更加强壮魁梧，但他们的内心依然是非常稚嫩的。

　　现实生活中，有太多的爸爸都把孩子当成大人对待，还会对孩子提出很多苛刻的要求。尤其当孩子在很多方面做得都不能让爸爸满意时，爸爸的容忍度往往非常低，牢骚满腹，就像事例中的爸爸对待乐乐一样。其实乐乐问爸爸那个凸起的东西是什么以及在洗澡之前把衣服扔在地板上，等到洗完澡再把衣服放到洗衣机里，都是正常的行为。对于一个 13 岁的孩子而言，这样的做法并没有什么不妥，只是爸爸的要求过高了，所以才会苛责乐乐。

　　爸爸要想和孩子成为朋友，走入孩子的内心，了解孩子真实的想法，就应该把自己也当成孩子。在爸爸把自己也当成孩子之前，他们不能理解孩子的真实想法，也不能包容孩子的很多做法。其实，爸爸应该感谢孩子，因为有了孩子，爸爸才有机会再当回孩子。正如意大利著名的教育家蒙台梭利所说的，儿童是成人的父。爸爸在陪伴孩子度过童年的过程中，也重温了一次童年回忆。

　　静下心来想一想，孩子其实非常乖巧，对于父母提出的那些条件，他们总是尽力去做到；对于父母的各种想法，他们也会尽力去实现。有的时候，他们因为一时的疏忽懈怠，犯了一些错误。作为爸爸却总是因此对孩子大发雷霆，或牢骚满腹。试想一下，当爸爸也是一个孩子的时候，能够让自己的父母感到非常满意吗？

　　现在的孩子非常优秀，对于我们童年时期不会的那些东西，现在的孩子都已经会做了；对于我们童年时期没有承受的压力，现在的孩子也正在承受着。我们像孩子这么大的时候正在无忧无虑地玩耍，从未想过未来会怎样，从未感受到成人世界的紧张，更没有被成人世界的竞争搅得心神不宁，但这一切都出现在了孩子现在的生活中。爸爸要怀着一颗赤子之心对待孩子。所以，爸爸一定要端正教育思想，要把自己也当成孩子，才能够与孩子同哭同笑，真正对孩子感同身受。

　　首先，爸爸对于孩子很多稀奇古怪的想法要包容。其次，爸爸一定要理解孩子。不管孩子做出什么样的行为，爸爸都应该接受。孩子不应为了任何人而活着，不应为了迎合任何人就改变自己。爸爸要无条件地爱孩子，接纳孩子，而不是因为孩子达到了爸爸的要求，爸爸才会深爱孩子。最后，爸爸要理解孩子的内心。如果爸爸不能够理解孩子的内心，就无法成为孩子的朋友。爸爸要知道，孩子再小也是一个独立的生命个体，他的精神与情感构成了一个世界。爸爸要怀着极大的爱与尊重，才能走进孩子的内心世界。如果爸爸在主观上把孩子当成成人对待，那么对孩子开展的教育就可能彻底失败。很多爸爸与孩子的关系紧张，家庭教育彻底失败，就是因为爸爸没有理解孩子，他们总是把孩子想成心目中最完美的样子，把自己的要求都强加于孩子身上。要知道，孩子并不是父母的附属品，更不是父母的傀儡。

　　孩子是活生生的人，他们有自己的想法和主见。有的时候，即使孩子发自内心地想要达到父母的高标准严要求，也会因为自身条件的限制或客观条件的局限，而显得力不从心。在这种情况下，爸爸一定要理解孩子的难处，让自己保持一颗淡然的心，不要因为对孩子期望过高就陷入焦虑不安的状态中，甚至对孩子大发脾气。在家庭生活中，很多孩子都因为父母对他们过高的期望而感到无所适从，不知道该如何做起。家本应该是孩子最温馨的港湾，是孩子感到最放松的地方，如果孩子在家里都感到精神紧张，手脚不知道放在哪里，做什么事情都生怕引起爸爸妈妈的责怪，那么家对孩子也就失去了意义。

不管孩子出现什么问题，也不管孩子犯了什么错误，爸爸都要从孩子的实际情况出发，理解孩子的内心，考虑孩子的感受。爸爸要真正成为孩子的朋友，怀着一颗童心，设身处地地为孩子着想。即使孩子眼下并没有达到父母的要求，也没有实现自己既定的目标，爸妈也不要着急，而是要给孩子足够的耐心，让孩子在爱与自由的环境中慢慢成长。相信当爸爸真正做到这一点时，爸爸与孩子之间的关系就会得到有效的改变，甚至发生质的改观。爸爸与孩子之间也会越来越融洽，感情越来越深厚。

积极地参与孩子的活动

　　浩浩正在读小学六年级，眼看期末考试在即，作为毕业班的学生，大家都在积极准备毕业节目。班级和每个同学都要准备节目，最重要的是老师还说了一个很大的好消息，那就是班级里可以邀请一个家长和孩子一起表演一个节目。听到这个消息，浩浩非常惊喜。他当即喊道："我爸爸，我爸爸！"其他同学都不像浩浩这么积极。老师对大家说："大家都要向浩浩学习呀，看看浩浩是多么热情地推荐他的爸爸来表演节目，其他同学的爸爸妈妈呢？有特别专长的，也可以来展示一下。"有的同学说"我爸爸可不愿意掺和这些事"，有的同学说"我妈妈特别害羞"，还有的同学说"我爸爸那么忙，怎么可能有时间来参加我们的毕业典礼呢"，也有的同学说"我的爸爸妈妈都不喜欢参加这些活动"，听到同学们这些话，浩浩感到非常自豪，他对老师说："老师，我爸爸唱歌特别好听。我想和爸爸合唱一首歌。"老师再三确定其他同学没有意向之后，当即拍板，对浩浩说："好吧，那我们班的家长节目就由你和爸爸合唱一首歌。就由你来通知、做好准备，好不好？"

　　放学回到家里，浩浩第一时间就把这个好消息告诉了爸爸。果然，正如他所预料的那样，爸爸也非常兴奋地说："哇，我居然得到了这样的机

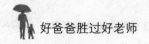

会，这可真是我的荣幸啊！"听到爸爸的话，浩浩忍不住哈哈大笑，他把同学们对各自爸爸妈妈的评价告诉了爸爸，说："爸爸，我真为有你这样的爸爸而感到骄傲！其他同学可不敢代替他们的爸爸接下这个光荣而艰巨的任务，只有我。"听到浩浩的话，爸爸也很开心，他说："打虎亲兄弟，上阵父子兵。咱们父子俩在这种关键时刻一定要团结一心，为班级争光，好吗？"接下来的时间里，爸爸和浩浩一起排练演唱，爸爸还会弹吉他，可想而知，在毕业典礼上，浩浩爸爸弹着吉他和浩浩一起深情演唱歌曲，把整个毕业典礼都推向了高潮。经过这次合作表演，浩浩和爸爸之间的感情更加深厚了，他总是在同学面前说"我爸爸，我爸爸"，言谈举止之间都是他对爸爸的爱，孩子脸上也洋溢着自豪之情。

生活中，有不少爸爸不愿意参与孩子的活动，认为孩子的活动是小儿科，又有多少爸爸积极参与孩子的活动，拼尽全力在孩子的活动中拿出最好的表现呢？显然前者是大多数爸爸的选择，而后者只是极少数的爸爸的选择。浩浩很幸运，他的爸爸就属于后者，所以在毕业典礼上，他才有机会和爸爸一起合唱，在全校师生面前展示自己。

在传统的观念中，爸爸在家庭生活中最重要的责任就是努力工作，赚钱养家。在孩子小时候，给孩子买尿裤、奶粉等；孩子大一些了，再给孩子买衣服、食物等；等到孩子再大一些，就要给孩子交钱上各种补习班、培训班。甚至等到孩子大学毕业，给孩子准备房子、车子以备结婚之用。如果一个男人没有把所有的时间都用于工作，把工作放在第二位，经常留在家里陪伴孩子，比妈妈更积极地参加孩子的家长会和各种各样的活动，那么这个男人一定会被认为是没出息。现实的情况是，每当学校里有各种

48

各样的活动，很多家庭往往都是妈妈去参加。有些妈妈积极参与，也有一些妈妈敷衍了事，看似是在陪伴孩子，实际上完全心不在焉。发生这样的情况，孩子对爸爸妈妈都会感到非常失望。

也有一些爸爸因为有大男子主义思想，下了班之后不是和朋友一起喝酒唱歌，就是一起打球、打麻将，不愿意抽出时间陪伴孩子。他们总认为照顾孩子、照顾家庭是女人的任务，实际上这样的观点大错特错，也非常迂腐。在一个家庭里，丧偶式的生活绝不是完美的家庭生活。爸爸在家庭生活中的缺席，不但会让妈妈感觉自己的婚姻不完整，也会让孩子的成长缺"钙"。爸爸一定要知道，教育孩子、陪伴孩子不仅仅是妈妈的责任，更是爸爸不可推卸的责任。

传统的观念对人的影响是很大的，不仅很多爸爸持有这样的观念，就连很多专业的教育书籍，也会忽略爸爸在陪伴孩子成长的过程中所起到的重要作用。例如市面上有很多书都在说好妈妈应该怎样，却只有极少数的书籍说到了爸爸在家庭教育中的责任和深远影响。在家庭教育中的教育者的指代词经常会是"父母"，这会让爸爸的身份非常模糊。一个真正合格且优秀的爸爸，绝不仅仅是为孩子提供经济供养。他们心里很清楚，对于孩子而言，爸爸的陪伴是尤为重要和不可缺少的。正因为如此，他们不管工作多么忙碌，不管生活的压力多么大，只要知道孩子有活动需要爸爸参与，他们就会很积极地参与其中。

在参与孩子学校活动的过程中，爸爸作为孩子的游戏伙伴，和孩子会有更为频繁的互动。爸爸与孩子一起齐心协力完全艰巨的任务，使孩子从情感上得到满足；爸爸与孩子一起想方设法地战胜各种困难，给孩子树立榜样，让孩子知道迎难而上才是最好的姿态。这样的话，孩子在游戏中的状态会非常放松，表现出自己更真实的一面。如果爸爸非常用心，就会发现孩子的潜能，也会发现孩子真正的兴趣所在。在和孩子一起玩耍的过程中，爸爸还可以有的放矢地引导孩子，从而对孩子起到更好的启迪作用。

很多爸爸看似和孩子生活在同一个屋檐下，也非常爱孩子，但实际上他们对孩子根本不了解。当他们在参与活动的时候看到孩子真正的表现会感到非常惊讶。在此过程中，如果孩子表现得好，爸爸要积极鼓励孩子，也要慷慨地赞扬孩子，这样才能够让孩子树立信心。如果孩子因为遭遇失败而感到灰心丧气，那么爸爸不要批评和指责孩子，而是要陪伴在孩子的身边，短暂休息后鼓励孩子再次投入活动。爸爸切勿在孩子感到灰心丧气的时候让孩子放弃，否则孩子就会因为爸爸的纵容而变得越来越畏惧困难。

大多数孩子都有畏难的心理，爸爸不要因此而责备孩子，要知道这是孩子正常的心理表现。孩子并不是天生就勇敢的，随着年龄增长，孩子之所以变得越来越勇敢，一定是因为他们在生活中有了勇敢的榜样，也是因为他们对于很多事物的认知变得更加深刻。在此过程中，爸爸起到的作用是不可替代的。爸爸身上有很多男性独有的品质，例如勇敢、坚强、自信、宽容、做事坚决果断等，这些品质都会对孩子起到潜移默化的影响。如果爸爸陪伴孩子的时间很长，那么孩子渐渐也会具备这些品质。所以人们才说父爱是孩子个性品质的重要源泉，爸爸的陪伴在孩子成长的过程中是不可替代的。

在参与孩子活动的过程中，爸爸一定要身心合一，做到全心全意地陪伴孩子。智能手机的普及，使很多成人不管在做什么事情的时候，心里都牵挂着手机。作为爸爸，在陪伴孩子的时候，一定要放下手机。孩子虽然不能够准确地判断爸爸是否在很投入地陪伴他们，但他们能够感受到爸爸是否专心。爸爸在陪伴孩子的时候，可以把手机调成静音，或者把手机放在一边。在和孩子玩的时候，爸爸就痛痛快快地和孩子玩；在和孩子沟通的时候，就专心致志地和孩子沟通。和爸爸在一起，孩子可以进行很多户外活动，例如郊游、打球、攀岩等，这些活动往往是妈妈不会带着孩子去做的。爸爸的出现弥补了妈妈某些活动上的空白，只有父母相互配合，孩子的成长才会更加丰富、精彩。

　　在家庭教育中，在学校的活动中，爸爸切勿总是缺席。爸爸的一言一行都对孩子有着重要的影响。当爸爸积极参加孩子的活动时，孩子就会感受到爸爸对他的重视。在此过程中，孩子亲眼见证了爸爸努力扮演好父亲的角色，也会对自己进行角色定位。爸爸要明确一件事情，那就是爸爸每一次参加孩子的活动，并不会对孩子的成长有非常明显的作用和影响，但这就像是把一粒种子种在孩子的心田里，只要把这粒种子种下，再坚持给这粒种子浇水施肥，用心照顾这颗种子，那么这颗种子一定会茁壮成长。到了秋天，就会收获丰硕的果实。

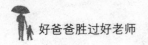

倾听，才能打开孩子的心扉

爸爸带着帅帅一起参加家庭聚会，由于爸爸结婚比较晚，所以帅帅也是堂兄弟中年龄比较小的。帅帅才6岁，最大的哥哥已经18岁了。

家庭聚会上，吃饱喝足之后，有人提出表演一些节目逗乐子，这个提议得到了大家的一致拥护。大家推选18岁的哥哥当主持人，举办家庭小宴会。哥哥拿着话筒像模像样地采访每一个到场的嘉宾，问他们一些脑筋急转弯，他们给出的回答逗得大家前仰后合。轮到帅帅了，哥哥问帅帅："假如你是一名飞机驾驶员，你载着乘客在天空中飞行的时候，突然发现飞机出现故障，所有的油都漏光了，这个时候，你要怎么做呢？"帅帅想了想，毫不迟疑地说："我会跳伞！"哥哥对帅帅的这个回答显然不太满意，他又引导帅帅："那么，你跳伞了，飞机上其他乘客怎么办？"帅帅马上给出了回答："其他乘客留在飞机上等着我啊！"听到帅帅的回答，在场的人全都哈哈大笑起来，觉得帅帅可真是一个精致的利己主义者，在飞机有故障的时候，居然要第一个跳伞，还让乘客在飞机上等着他。正在大家对帅帅的这个回答感到非常有趣的时候，爸爸问帅帅："你跳伞之后会做什么？"帅帅看着爸爸，又看着大家，一本正经地说："我跳伞去取汽油，灌满油箱之后，我就可以带着大家平安落地了。"听到帅帅的话，大家都停止了笑声，陷入了沉思。原来他们只听到了帅帅的回答，并不知道帅帅真实的心思。他们以为帅帅是一个贪生怕死的小孩儿，在遇到危险的时候第一个逃离现场，而实际上帅帅之所以跳伞，是因为他想让乘客们都留在飞机上保证安全，而他自己则冒着风险去取回汽油，再带着大家平安落地。

18 岁的哥哥随机应变，对帅帅的爸爸说："叔叔，你可真是一个教育的高手。"帅帅爸爸问道："此话怎讲？"哥哥说，如果我这样回答爸爸的问题，爸爸一定会抬手给我一巴掌，还会狠狠地骂我是一个贪生怕死的胆小鬼。说到这里，哥哥看着他的爸爸，他的爸爸忍不住笑起来说："你这个家伙，可真了解我呀！"哥哥继续说："叔叔，你没有责怪帅帅，也没有打断帅帅说话，反而引导帅帅说出了他的真实想法。这么做，你既没有误解帅帅，还给了他表达心声的机会，你真是一个最好的爸爸。"哥哥的话音刚落，在场的爸爸妈妈们都陷入了沉思。

真正的沟通是从哪里开始的呢？有人以为，真正的沟通是从滔滔不绝地诉说自己的内心开始的；也有人以为，真正的沟通是从听到对方说出真心话开始的。而实际上，真正的沟通是从倾听开始的。

细心的爸爸会发现，越是年纪小的孩子，越是喜欢倾诉。例如在幼儿园阶段，每天爸爸去接孩子放学的时候，孩子只要一出幼儿园的大门，就会滔滔不绝地和爸爸说起在幼儿园里发生的事情。在这种情况下，爸爸千万不要感到不耐烦，要努力倾听孩子的话，也要给予孩子最佳的回应。

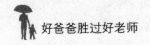

因为这是代际沟通的黄金时期，如果爸爸不能在这个时期里和孩子建立良好的亲子关系，建立顺畅的沟通渠道，那么等过了这个阶段，孩子升入初中、高中，就不愿意和爸爸妈妈沟通了。这是因为他们在年幼的时候主动向父母倾诉，父母却不愿意倾听，所以他们就渐渐关闭了心扉，宁愿和同龄人沟通，也不想和父母交流。

如果爸爸能够抓住这个代际沟通的黄金时期，和孩子建立良好的沟通关系，那么即使孩子长大了，也依然会愿意把自己的内心向爸爸敞开，也会很主动地告诉父母他（她）最真实的想法。这对于建立良好的亲子关系，加深亲子感情有非常好的作用。

现实生活中，能说会道的父母很多，但是善于倾听的父母却寥寥无几。有太多的父母看到孩子的表现不能令他们满意，看到孩子犯了错误或做出一些不理性的选择，就会滔滔不绝地开始教育和批评孩子。他们根本不在乎孩子的心中是怎么想的，也不想听到孩子为自己辩解的话，他们只想表达他们自己的情绪和感受。有太多的父母从来没有听孩子说过话，他们对此毫不自知，他们认为孩子天生就应该听父母训诫，而父母总有无数个理由来批评和训斥孩子。实际上，在良好的亲子关系中，倾听起到了非常重要的作用。父母是否善于倾听，往往决定了他们能否真正走进孩子的内心；父母能否用心聆听孩子的心声，决定了家庭教育的成败。

毋庸置疑，孩子的思维方式和成人的思维方式是不同的。对于同一个问题，孩子和成人会给出不同的回答，这就更说明了倾听孩子心声的重要性。只有倾听，才能够了解孩子真实的想法；也只有倾听，才能让孩子感受到父母的尊重和平等对待。在倾听孩子的时候，爸爸一定要放下高高在上的家长的架子。很多爸爸都习惯于居高临下地对待孩子，对孩子发号施令，当孩子表达不同的意见时，他们也不以为然。尤其是在和孩子有意见分歧的时候，有些爸爸总是会采取居高临下的态度让孩子闭嘴，或者让孩子按照他的命令去做，不给孩子机会表达自己的想法。显而易见，在这样的家庭关系中，爸爸很容易和孩子发生矛盾，要想改善这样的亲子状态，爸爸就要耐心地等孩子把话说完。即使孩子所表达的意见和观点是爸爸所不赞同的，只要这些意见和观点不是完全错误的，爸爸就没有必要纠正孩子。在一个国家里，要营造民主的氛围，让民众自由地发表自己的想法；在一个家庭里，也要营造民主的氛围，让家庭最小的成员——孩子，也能够表达自己真实的心声，这样才能让家庭关系更加融洽。

一切的沟通都要建立在彼此尊重、相互理解的基础上。作为爸爸，永远也不要忘记这条原则。不管孩子只有一岁，还是孩子已经长大成人了，爸爸在和孩子沟通的时候，都要做到真正尊重和理解孩子。

社会学大师费孝通先生说过，很多孩子对于父母所说的话都不理解，父母自认为已经把话很明确地说给孩子听了，而实际上，孩子是通过自己的观察才领悟出道理的，并不是听了父母的话就对道理感悟深刻。作为父母，要知道孩子的这种身心发展特点，与其滔滔不绝地对孩子说很多大道理，不如给孩子机会，让孩子表达心声。既然孩子不能够完全理解父母所说的话是什么意思，那么父母就可以和孩子交换位置，让孩子来说，父母来听。父母总能听懂孩子在说什么，这样亲子之间的误解也就不存在了。

每个孩子都希望得到父母的尊重，每个父母虽然都非常重视自己的孩子，但与做到尊重孩子却还有一定的距离。随着孩子不断成长，孩子总是

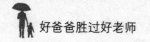

会抱怨父母不理解他们，而父母却又抱怨孩子不愿意和他们沟通。那么从现在开始，爸爸就要抓住代际沟通的黄金时期，学会倾听，做孩子最虔诚的听众，听孩子诉说他心中的喜怒哀乐。爸爸如果能够主动认真地倾听孩子，就能够填平父子之间的沟壑，与孩子进行畅通无阻的交流。显然，这对于建立亲子关系、加深亲子感情是大有裨益的。

得到孩子的信赖，成为孩子的知己

暑假就要结束了，爸爸对娜娜说："娜娜，再过几天，爸爸带你去上海迪斯尼玩儿吧！赶在暑假结束之前，让你好好地玩一玩！"听到爸爸的话，娜娜连头都没抬，继续低着头玩玩具。看到娜娜冷漠的反应，爸爸感到非常纳闷，问娜娜："怎么，你不想去迪斯尼玩吗？"娜娜说："我当然想去迪斯尼玩，但我不相信你说的话。"

简单的几个字，却深深戳中了爸爸的心。爸爸当即问娜娜："你为什么这么说呢？爸爸是真的想带你去迪斯尼玩。"娜娜说："你上次就说要带我去方特游乐园玩，但是你却临时出差了，这次谁知道你会不会又出差呢？"爸爸向娜娜保证："这次，爸爸一定不出差，就算单位领导安排爸爸出差，爸爸也会拒绝的。"娜娜还是不相信，继续低着头玩玩具，爸爸感到非常郁闷。

在家庭教育中，很多爸爸都有这样的困惑，那就是他们辛苦努力地工作，只是为了给孩子提供更好的生活；但他们却因为忙于工作无形中忽略了孩子，也不知道从什么时候起，孩子对他们失去了信任，把他们说的话当成耳边风。尤其是在孩子升入初中、高中以后，所表现出的自主性更是

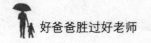

让一些家长感到失落。这到底是为什么呢？

父母是孩子的第一任老师，也是孩子的言传身教者，那么当父母失去孩子的信任，在孩子面前没有威严的时候，显然会给家庭教育带来很大的难题，也会使父母在孩子心目中失去威信。父母该如何对孩子施展教育呢？

很多爸爸都想与孩子成为朋友，与孩子进行沟通交流。实际上，这并不是一件容易做到的事情，尤其当孩子渐渐长大，他们有了自己的想法，也会坚持自己的主见。甚至有些孩子根本不愿意和父母进行沟通，每当有了心事，他们也只愿意和同龄的小伙伴说，这让父母感到特别失落，不知道自己为何不能够得到孩子的信任。可想而知，作为孩子的引导者和陪伴者，父母一旦失去孩子的信任，就会让家庭教育陷入举步维艰的状态之中。明智的父母会努力得到孩子的信赖，也会以知己的身份陪伴在孩子的身边，这样才能够与孩子顺畅地沟通，给予孩子最好的教育。

每个新生命从呱呱坠地开始就得到父母无微不至的照顾，父母不但是孩子的监护人，也是孩子的照顾者和陪伴者，理应得到孩子最大的信任。那么，为什么孩子随着不断成长，反而不再信任父母了呢？究其原因，是因为父母破坏了自己在孩子心目中的形象，使孩子对父母失去了信任。就像事例中的娜娜一样，如果爸爸曾经说过要带她去方特游乐园玩，最终却没有兑现诺言，而且这件事情也不了了之了，那么娜娜再听到爸爸说这样的话的时候，就不会那么相信爸爸了。更有一些爸爸对孩子的隐私充满好奇，想方设法打探孩子的情况，偷看孩子的日记，检查孩子的手机。还有的父母甚至会偷听孩子的电话，一旦以不正当的方式得到了孩子的信息，他们就会打骂训斥孩子，这使得孩子对父母失去信任，也会使孩子的自尊心受到伤害。还有一些孩子叛逆心理比较强，甚至会因此对父母产生敌意，故意反抗父母。在这些不良行为的影响下，孩子对父母的信任感越来越弱，她们不愿意再继续信任父母，也不愿意与父母友好相处。

这些年来，很多家庭亲子之间的矛盾冲突越来越严重，有很多关于亲子冲突的报道，都令人扼腕叹息。有些孩子因为对父母失望，选择离家出走，导致自己陷入危险之中；也有些初中或高中的孩子因为心理扭曲变态，做出伤害父母的事情，遭到社会的谴责，葬送了自己的一生。不得不说，这些结果是父母和孩子都无法承受的。那么，父母想得到孩子的信赖，尤其是爸爸想走入孩子的内心，得到孩子的信任，彼此像朋友一样相处，就一定要践行诺言，信守承诺。

首先，爸爸要有责任感。在家庭生活中，爸爸不仅要承担起照顾孩子的责任，更要承担起照顾整个家庭的责任。当爸爸以负责任的形象出现在家庭中的时候，对孩子就会起到积极的影响，也会在孩子心目中树立起威信。

其次，爸爸要对孩子信守承诺。很多爸爸会因为一时的情绪就对孩子做出承诺，而又因为没有考虑到其他实际情况，导致无法兑现承诺。事后，即使爸爸对孩子做出解释，孩子却并不能理解和体谅爸爸，认为爸爸故意食言。很多人都听过《狼来了》的故事。故事中，那个调皮的小孩几次喊狼来了，到最后狼真的来了，却没有人来帮助他。那么，爸爸应该避免像那个小孩儿一样把自己的诺言变成"狼来了"的谎言，否则，孩子又怎么可能信任爸爸呢？

在古时，曾子为了兑现妻子杀猪给孩子吃肉的承诺，不惜把家里留着过年的猪杀了，因为他深知父母在孩子的心目中树立威信、得到孩子们的

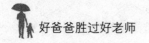

信任是多么重要。一则，这样可以建立良好的亲子关系；二则，这样可以给孩子树立榜样，让孩子信守承诺。所以爸爸们不要觉得对孩子信守承诺是一件无关紧要的事情，这件事至关重要，甚至会影响孩子一生，爸爸们一定要引起重视。

最后，爸爸和孩子应该保持良好的沟通，进行顺畅的互动。人与人之间要相处才能够建立良好的关系，加深感情。所谓互动就是有来有往，如果爸爸只是对孩子施加教育，对孩子滔滔不绝、喋喋不休，而孩子却没有任何回应，那么这就不是真正的沟通。如果孩子很积极地向爸爸倾诉自己的内心，爸爸却很不耐烦，那么孩子就会渐渐关闭心扉，这也不是真正的互动。所谓亲子互动，就是要有亲子共享的时间，也就是说，在这段时间里，爸爸是属于孩子的，孩子是属于爸爸的。虽然现代社会生活的节奏很快，人们工作压力很大，但爸爸们只要重视亲子互动，就能够挤出时间与孩子一起共享亲子时光。

当然，要想得到孩子的信任，只是高高在上、居高临下地对待孩子是不行的。孩子小时候也许对父母的权威行为并不会特别排斥和抵触，但是随着他们渐渐长大，就不愿意接受父母这样的权威教育了。实际上，父母要想得到孩子的信任，就应该放下高姿态，真正尊重和平等对待孩子，真正理解和包容孩子，这样不管说话还是做事，都能打动孩子的心，从而得到孩子的信赖。

尊重和平等地对待孩子

　　一个偶然的机会，爸爸发现乐乐用手机和班级里的一个女生发了400多条信息，而且信息的内容有些暧昧。这是爸爸第一次发现乐乐有早恋的倾向，但他按捺住火气，非常耐心地和乐乐沟通了早恋的问题，并对此表示理解，他希望乐乐能够控制好自己，引导这种朦胧的感情朝着健康的方向发展。乐乐答应了爸爸，但才过去几天，爸爸就发现乐乐并没有真正兑现自己的承诺，爸爸因此没收了乐乐的手机。

　　爸爸以没收手机的方式，让乐乐知道爸爸对于这件事情是反对的。乐乐的确收敛了一段时间，但随着网课的进行，他得到了一个专用的笔记本电脑，又登录了QQ和女同学聊了起来。有一天，他们到了深夜12点还在聊天，爸爸发现了。这是爸爸第三次发现乐乐犯同样的错误，生气地冲着乐乐喊了起来。乐乐被爸爸抓住了把柄，却不服气地质问爸爸："你凭什么给我们定性是在早恋？我们只是在聊天！"爸爸看到乐乐顾左右而言他，生气地说："谁会每天都聊到12点呢？虽然现在是假期，但也在上网课，和正常上学是一样的，你不可能天天都12点才睡觉。而且你们这样聊天，每隔几分钟就说一句话，还能专心致志地学习吗？"乐乐坚持说：

"这样聊天并没有影响我的学习！"看到乐乐睁着眼睛说瞎话，爸爸非常生气，突然脱了鞋，用鞋底狠狠地抽了乐乐的屁股几下，疼得乐乐哇哇直叫，眼睛里含着眼泪。

妈妈闻讯赶来，看到爸爸用鞋底抽打乐乐，赶紧把父子俩分开。过了一段时间，等爸爸和乐乐都平静下来，妈妈这才对爸爸说："孩子已经这么大了，长得比你还高，用鞋底抽，你觉得合适吗？归根结底，早恋也不是错误，只是发生的时间不合适而已。你如果不好好引导他，让他叛逆了，你再想管可就难了。至少他现在没有公然与我们作对，还是可以好好引导和管教的。"

在妈妈的一番劝说之下，爸爸意识到以这样简单粗暴的方式对待乐乐是不可行的，很有可能激发乐乐的逆反心理，而且用鞋底子抽比自己还高的乐乐会让乐乐觉得很没有面子，使孩子自尊心受到伤害。爸爸思来想去觉得自己的做法很不妥，他决定去向乐乐道歉。

爸爸来到乐乐的房间，很真诚地对乐乐说："乐乐，虽然你的做法是不对的，但爸爸刚才用鞋底抽打你也是错误的。爸爸先向你道歉，我希望你能够跟我一样主动反思自己的错误。"听了爸爸说出"对不起"三个字，乐乐的眼泪簌簌而下，他不再固执，也很真诚地对爸爸说："我这样聊天的确会影响学习，以后我会改正的。我现在就把QQ卸载了，以后不再用QQ聊天了。"看到乐乐的态度瞬间有了180度大转弯，爸爸这才意识到伤害孩子的自尊后果是很严重的，只有真正尊重孩子才能打开孩子的心扉。

孩子都有自尊心，尤其是处在初中或高中阶段的孩子，他们的自尊心非常强。在叛逆而又执拗的青春期中，孩子们常常会做出一些让父母不知该如何应对的事情。其中，早恋是被大多数父母都视为洪水猛兽的一种青春期现象。实际上，正如事例中妈妈所说的，早恋并不是错误的，只是发生在了不对的时间点，所以才会被父母和老师制止。父母主要是担心早恋会影响孩子学习，那么在发现孩子有早恋苗头的时候，爸爸作为男性一定要保持理性。尤其是男孩子，爸爸更要像哥们儿一样去和孩子沟通，而不是以强权去压制孩子，否则就会导致孩子产生逆反心理，更难以管教。

除了早恋，孩子还会做出各种各样不能让父母满意的事情。例如学习成绩出现波动，出现下滑，或不小心犯了错误导致失败，这些都会让父母感到紧张和焦虑。作为爸爸，不管在任何情况下，都要尊重和平等对待孩子，越是在孩子遭遇失败和挫折的时候，爸爸越要尊重和理解孩子，越要信赖孩子，这样才能够给孩子以精神上的支撑和力量，保护孩子的自尊心。

青春期是孩子成长过程中叛逆最大的时期。在青春期里，孩子的叛逆心理特别强，自尊心也特别强，所以爸爸一定要采取正确的方式对待孩子，才能够与孩子建立良好的沟通渠道，修复彼此的关系，保持顺畅的沟通。

首先，爸爸要坦然面对孩子的失败。每个孩子都会经历失败，会出现在各个方面，例如和同学交往。那么不管孩子遭遇了怎样的失败，爸爸都不要斥责孩子，而是应该在孩子沮丧的时候给予孩子鼓励；在孩子想要放弃的时候，帮助孩子努力坚持。失败并不可怕，最可怕的是在失败中彻底倒地不起。爸爸要帮助孩子从各个方面分析失败的原因，对于孩子的努力付出，爸爸要给予鼓励和安慰。有些孩子本身的求胜心理是比较强的，所以在遭遇失败的时候他们会感到很挫败。爸爸要知道其实就算是成人也会遭遇失败，更何况是孩子呢？孩子还在成长的过程中，经常会犯各种各样的错误，爸爸要引导孩子坦然面对失败与错误，从中汲取经验和教训，才能够坚持向上。

其次，爸爸要多多肯定孩子，进行赏识教育。很多爸爸都抱怨孩子不知道自己有多爱他（她），但实际上爸爸也不知道孩子有多么信任爸爸。在孩子心目中，爸爸是非常重要的，他们会把爸爸对他们的评价也看得非常重要。作为爸爸，不要吝啬表扬孩子，尤其是在孩子表现出色的时候，更要给孩子指出来，让孩子看到他们的优点和进步。当一个孩子总是能够从爸爸那里得到认可和肯定，他就会具有很强的自信心。反之，当一个孩子总是被他（她）亲近的爸爸或者妈妈否定和排斥，那么，就连他（她）自己都会讨厌和怀疑自己。在孩子成长的过程中，赞赏就像是撒在孩子心田中最好的肥料，只有在赞赏的滋养下，孩子的自尊心和自信心才会越来越强，他们在成长过程中的表现才会越来越好。

最后，爸爸要尊重和平等地对待孩子，表现在要积极主动地向孩子承认错误。在很多家庭里，爸爸都是高高在上的，他们觉得自己作为一家之主，即使错了，也不能承认错误，否则就会损害威严，失去孩子的崇拜。实际上，这样的想法是错误的。孩子渐渐长大，已经有了一定的判断能力。如果他们确定爸爸所做的是错的，而且知道爸爸已经意识到了自己的错误，却看到爸爸坚决不愿意承认错误，那么爸爸在他们心目中的形象就会大大降低。

　　做错了事情要道歉，这是基本的礼貌，也是每个人都懂的道理。偏偏作为孩子的教育者，很多父母在做错了之后都死鸭子嘴硬，不愿意向孩子道歉。这一是因为封建家长意识对父母起到负面影响；二是因为父母担心向孩子道歉，会纵容孩子，损害父母的尊严和权威。实际上，这样的担心完全是多余的，父母既不要把孩子看成自己的私有物，觉得自己有权利对孩子做出一切错误的举动，也不要认为向孩子道歉会损害自己的威严。相反，当孩子得到父母真诚坦率的道歉，他们反而会更加信赖父母。

　　父母在向孩子道歉的时候，要讲究方式方法。首先，道歉要及时。很多父母往往在事情过去很久之后，才会轻描淡写地向孩子道歉，这会使孩子觉得自己不被尊重。及时对孩子道歉，保持态度的诚恳，这样孩子才会愿意接受父母的道歉。此外，在道歉的时候一定要言辞恳切，切勿心不甘情不愿，否则父母就会给孩子做出糟糕的榜样，使孩子在犯错之后也拒绝道歉。在道歉的时候还要说明自己哪个地方错了，将来如何改正，这样才能表现出道歉的诚意，也才能让孩子知道，父母也在积极地改进和修复亲子关系，从而也能使孩子做出积极的努力。

　　爸爸要想得到孩子的尊重，首先要尊重孩子。在犯了错误之后向孩子道歉，是尊重孩子的一种表现。爸爸要想与孩子之间建立和谐的亲子关系，就一定要学会如何当好爸爸，而积极主动地承认错误是当好爸爸必然的标准之一。在民主和谐的家庭里，孩子犯了错误，会主动向父母道歉，父母犯了错误，也会积极地向孩子承认。在爸爸妈妈道歉的过程中，他们虽然把自己的尊严放下了，但他们却托起了孩子内心最大的希望，让孩子在家庭生活中被维护好尊严和得到肯定，孩子将来走向社会才能够昂首挺胸，充满自信。

学会对孩子换位思考

　　甜甜小时候有一辆滑板车，但她并不喜欢骑滑板车，因为有一次，她骑着滑板车的时候不小心摔倒了，后来她就不愿意再骑滑板车了。也正因为如此，搬家的时候，妈妈把甜甜的滑板车丢掉了，因为滑板车放着不骑，不但占用家里的空间，还很碍事。

　　转眼之间，甜甜六岁了，他们搬到新家也已经两年了。有一天傍晚，甜甜去书法班练字的时候，看到好朋友清河骑着一辆蛙式滑板车。她非常羡慕，放学之后，她和清河在书法班的楼下玩耍。她很想骑一下清河的滑板车，但清河不愿意让她骑。甜甜实在是非常想骑，就只好跟在清河身后央求，清河好不容易答应让甜甜骑一分钟。结果甜甜才刚刚上车，清河因为要车子拽了甜甜一下，甜甜就摔倒了，还把胳膊也摔破了。

　　回到家里，甜甜央求妈妈给她也买一辆滑板车，妈妈却拒绝道："你小时候也有一辆滑板车，你三岁的时候妈妈给你买的，但你一直也不骑。所以你四岁多，我们搬家的时候，妈妈就把滑板车扔掉了。现在，你怎么又要滑板车了呢？"甜甜说："我想要和清河一样的滑板车，是蛙式的，后面的两条腿可以一张一合往前走。"听到甜甜的话，妈妈不以为然地说："你马上就上一年级了，没有时间骑滑板车了。你可以骑一骑清河的滑板车，这样过过瘾就可以了。"

被妈妈拒绝，甜甜非常伤心，她不愿意再去央求妈妈，就躲到房间里偷偷哭泣。爸爸下班回来，看到甜甜没有像往常一样迎接他回家，感到非常惊讶。爸爸来到甜甜的房间里，看到甜甜正噘着嘴巴坐在书桌旁，瞪着眼睛，不知道在想什么。爸爸问甜甜："甜甜，你为什么不高兴啊？"甜甜把事情的经过告诉了爸爸，爸爸想了想，对甜甜说："甜甜，爸爸知道你一定很想要一辆滑板车，因为清河有，所以你也想有。而且你每次跟清河要滑板车骑的时候，清河只给你骑很短的时间，今天清河为了要回滑板车，还把你弄摔倒了，把胳膊都摔破了，对不对？"听到爸爸的话，甜甜激动地连连点头，说："对对，爸爸，你说得很对。"爸爸问甜甜："那么，你是不是想要一辆和清河一模一样的滑板车呢？"甜甜点点头，又摇摇头。爸爸说："我明白了，你想要一辆跟清河不一样的滑板车，你希望自己的滑板车比清河的更漂亮。"甜甜高兴地笑起来，说："爸爸，你太懂我了！"这时，爸爸拿出手机，打开淘宝，输入"蛙式滑板车"几个字后，对甜甜说："那你自己去选择一辆吧，选好之后，爸爸帮你付钱，好不好？"就这样，爸爸当即决定为甜甜买一辆滑板车，甜甜高兴极了。

妈妈得知爸爸这么轻而易举就答应甜甜买一辆滑板车，不由得责怪爸爸，"甜甜马上就上一年级了，哪有时间骑滑板车呀！而且买回来如果不骑，放在家里又要占地方。"爸爸对妈妈说："你要理解小孩子的心思呀，她的好朋友有，她却没有，放学一起玩儿的时候，她只能跟在别人身后追，今天还因为和人要滑板车摔了一跤。如果是你的话，你会不会很想要一辆滑板车呢？你还记不记得，当初你们单位里有一位女同事买了一条金项链，第二天好几个女同事都带着金项链。小孩儿的心思和大人是一样的。"听了爸爸的话，妈妈无话可说，只好说："好吧好吧，好人都让你当了！"

　　如果不是换位思考，爸爸就不会理解甜甜为什么非要要一辆滑板车。从本性上来说，孩子看到别人有的东西自己没有，本能地就会很羡慕别人。对于甜甜而言，她央求清河把滑板车给她骑一会儿，还没骑一分钟，就被清河要了回去，自己还因此而摔了一跤，她的心里当然更加难过。爸爸之所以能够理解甜甜的想法，是因为爸爸把自己假设成甜甜，这样他就知道甜甜为何非要滑板车了。

　　在家庭教育中，很多亲子之间的矛盾之所以发生，就是因为爸爸妈妈不能对孩子进行换位思考。实际上，爸爸妈妈了解孩子的最好方式，就是对孩子进行换位思考。如果爸爸妈妈能够把自己的位置和孩子的互换一下，从孩子的角度看待问题，站在孩子的立场上考虑问题，很多难题就会迎刃而解。现实生活中，很多爸爸在教育孩子的时候总是喜欢高高在上地对孩子下达命令，告诉孩子应该怎么做，但却很少向孩子解释为什么要这么做。孩子对于自己不理解的事情，当然没有那么强大的动力，他们因此不愿意接受父母的指令，按照父母的安排去做。有些孩子的叛逆心很强，他们就会故意与父母对着干。父母让他们往东，他们偏要往西，父母让他们往西，他们又往东去了；父母不让他们做的事情，他们一定要去尝试，父母要求他们做的事情，他们却拖延着不愿意去做。

　　作为父母，与其强求孩子按照自己的想法去做，还不如换位思考，理解和体谅孩子，站在孩子的角度去看待问题。虽然大多数父母都知道换位思考的重要性，但在与孩子交往的过程中，却很难真正做到。

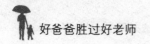

　　具体来说，换位思考可以帮助爸爸更好地了解孩子。很多爸爸都觉得自己不能够走入孩子的内心，尤其是当孩子还处于孩童时代时。爸爸小时候犯过的错误，如今却出现在孩子身上，爸爸就未必能够接受了。所以爸爸要时刻提醒自己，对孩子换位思考，了解孩子的心理需求，感受孩子的情绪和感情，这样才能够与孩子进行沟通。有一些爸爸还试图说服孩子，那么就更要进行换位思考，这样才能知道如何表达能够打动孩子的心，如何选择能够让孩子感到满意。

　　换位思考，还可以以更加开阔的眼光看待问题，换一个角度，思维洞开，使人变得更加理性。人是主观的动物，每个人都会从主观角度出发来考虑各种问题，这是人的本能驱使的。那么在换位思考的过程中，我们就能够摆脱主观的束缚，让自己尽量从客观公正的角度看待问题。尤其是在与孩子发生矛盾和冲突的时候，与其在愤怒的驱使下做出失去理智的举动，还不如坚持换位思考，让自己恢复理智，恢复平静，这样才能够更好地解决亲子矛盾。

　　还有一点是爸爸必须要懂得的，那就是如何换位思考。在必要的情况下，爸爸可以亲身去感受。记得在关于鲁迅的一篇文章中，柳亚子回忆了鲁迅的一件往事。有一次，鲁迅请几位作家在家里吃饭，饭桌上，鲁迅的独生子周海婴咬了一口丸子之后，马上吐掉了，说丸子已经馊了。客人们当时并不觉得丸子有异味儿，所以鲁迅的妻子许广平觉得周海婴只是在调皮，还因此责怪了周海婴几句。客人们对此都不置可否地笑了笑，他们也一定觉得周海婴是一个顽皮的孩子，肯定是被鲁迅和许广平惯坏了。这个时候，鲁迅做出了一个让人惊讶的举动，他并没有说什么，而是夹起周海婴吐出来的丸子放在嘴里吃了起来。他尝了尝，发现丸子真的馊了，他感慨地说，小孩子总是有道理的。

　　如果鲁迅不亲口尝一尝这个被周海婴嫌弃的馊丸子，那么他就会和其他人一样，误解了周海婴，觉得周海婴是被惯坏了才这么调皮，所以把丸子吐掉。作为一个父亲，鲁迅是非常合格且优秀的父亲，虽然他平日里忙于写作，并没有太多的时间陪伴孩子，但他对孩子深沉细腻的爱是从未改变的，对孩子教育的用心也是从未改变的。即使当着很多作家的面，鲁迅也没有摆出高高在上的家长姿态对待孩子，更没有不分青红皂白就打周海婴的屁股，而是真诚地以实际的举动亲自尝那个丸子的味道，从而了解了周海婴所言确凿。

　　现实中有太多的爸爸都做不到像鲁迅这样，他们总是说自己吃过的盐比孩子吃过的米还多，自己走过的桥比孩子走过的路还多，他们仗着自己有丰富的人生经验，对孩子的所思所想毫不在乎，对于孩子所表达的情绪感受也往往采取不以为然的态度。他们已经习惯于用成人的思维为孩子制定奖惩的标准，不得不说，这对于弱小的孩子而言是非常不公平的。作为爸爸，一定要积极地对孩子进行换位思考，这样才能够真正理解和尊重孩子，给予孩子极大的信任，保证孩子健康快乐地成长。

第三章

常怀赤子之心，成为孩子的好玩伴

在大多数父母都陷入教育焦虑的今天，很多爸爸都把孩子的学习与玩耍对立起来，仿佛只要学习就不能玩耍，认为只要玩耍就一定会影响学习。在这种错误观念的引导下，爸爸们就会限制孩子玩耍，甚至禁止孩子玩耍。而实际上，对于孩子而言，玩耍和学习是相辅相成的，是统一的。如果能够在玩耍的过程中得到进步和成长，那么玩耍就是最好的学习方式；如果能够坚持以科学的方式去玩耍，那么玩耍就可以让学习得到更大的助力。尤其是在学习任务比较枯燥，或者是比较繁重的时候，如果能够以游戏的方式进行学习，那么学习就会变得非常轻松愉悦。所以要想当好爸爸，成为孩子成长的陪伴者，对孩子的学习起到强大的助力作用，那么爸爸就要常怀一颗赤子之心，成为孩子最好的玩伴。

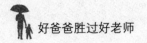

鼓励孩子适度冒险

　　周末，爸爸带着哲哲去商场玩，看到商场大厅里临时架起了一个四层楼高的挑战台，爸爸马上产生了兴趣，对哲哲说："哲哲，要不要上去一试身手？"哲哲当即对爸爸摆摆手，说："不要不要，太危险了。"这个时候，爸爸观察挑战台，看到有很多六七岁的小朋友在挑战台的一层，系着安全带，正在玩耍。还有很多和哲哲差不多大的小朋友在挑战台的二层和三层，成人则在挑战台的四层。看到这样的情景，爸爸对哲哲说："你看，六七岁的小朋友才刚刚一米二高，就已经在挑战台的一层挑战自己了。和你差不多大的小朋友大概十岁，都在挑战台的二层和三层。我认为你至少可以去二层吧。"

　　哲哲嗫嚅着说："不行，妈妈不让我玩这些危险的游戏，万一摔伤就糟糕了！"爸爸想了想，对哲哲说："但妈妈现在不在这里，而且这些游戏也并不危险，人都有安全绳系着。你看，那些小朋友也不害怕呀。你只要问问自己是否愿意挑战。"哲哲还是不愿意去，爸爸对哲哲说："要不这样吧？你去二层，我去四层，怎么样？我们一起挑战。"

　　在爸爸再三的劝说之下，哲哲勉为其难答应了爸爸的请求，战战兢兢地去了二层。爸爸呢，虽然心里也有些害怕，但为了给哲哲做好榜样，他还是鼓起勇气去了四层。在和哲哲分开的时候，爸爸对着哲哲做了一个加油的手势，对哲哲说："哲哲要勇敢呀！"

站在四层的高度，看着下面的确是有些恐怖的，因为这些挑战台是用粗粗的木桩搭建起来的，并没有墙壁等遮挡人视线的东西。这个时候，爸爸听见哲哲在二楼喊："爸爸，我很害怕怎么办？"爸爸对哲哲说："只有一个办法，那就是勇敢地往前走，爸爸和你一起，我们一起往前走吧！"就这样，爸爸和哲哲一边互相鼓励着，一边往前走，虽然整个过程完成得很难，花费了很长的时间，但等真正走完的时候，哲哲却满脸兴奋。他对爸爸说："爸爸，这可真刺激啊！"爸爸问哲哲："你后悔吗？"哲哲摇摇头说："我不后悔，我发现我还是可以战胜自己的。"爸爸语重心长地对哲哲说："是啊，哲哲，你要记住，你是一个男子汉。有的时候，妈妈会禁止你做一些事情，那是因为她担心你发生危险。但是你自己要有判断，看看这件事情你到底能不能做。在保证安全的情况下，是可以适度冒险的。以后，爸爸会带你体验一些刺激的项目，例如攀岩等。相信只要坚持锻炼，你的胆量会越来越大的。"哲哲点点头。

很多父母都和哲哲妈妈一样，不管孩子要做什么事情，第一反应就是表示担心："行不行啊？""是不是很危险？""你还是等长大一些再做这件事情吧！"实际上，当妈妈总是对孩子说这些话的时候，孩子的自信心就会渐渐崩塌，甚至会怀疑自己的能力，不知道自己真的能否做这些事情。和妈妈的教养方式不同，爸爸的教养方式则是勇敢放手。例如在这个事例中，爸爸为了激励哲哲，和哲哲一起参加挑战。爸爸说得很有道理，在确

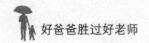

保安全的情况下，是可以适度冒险的。那么，如何确保安全呢？需要爸爸把好这个关。爸爸要为孩子创设一个自由发挥的空间，让孩子在安全的空间里独立做想做的事情。冒险并不是一种消极的人生状态，而是在其中有着一种非常积极的心态。敢于冒险的孩子在成长的不同阶段都会参与挑战，他们之所以做出这样的冒险行为，是因为他们相信自己的能力，尊重自己的意愿。尤其是得到了爸爸的鼓励，他们会更加无所畏惧，努力向前。

通常情况下，那些敢于冒险的人对自己都有正确的认知，知道自己的优点和长处，也知道自己的缺点和不足，因此他们才能够充满信心地发挥自己的优势，从而取长补短、扬长避短。当孩子意识到自身所拥有的力量，也了解自己的能力所能达到的高度时，他们就会变得非常自信，敢于冒险。即使在生活中遇到很多困难，他们也从不会轻易放弃。

冒险对于孩子的成长是很重要的，如果一个孩子从来不敢冒险，始终生活在安逸舒适的环境中，只躲在爸爸妈妈的呵护下成长，那么他们就算顺利度过初中、高中阶段，甚至大学毕业以后也永远不可能长大。美国西点军校的第八条军规就特别强调了冒险精神，这条军规说冒险精神能够增加你的勇气，不去冒险就是最大的危险。

爸爸要想让孩子勇于冒险，就要对孩子放手。成功与冒险之间是成正比例的，一切的成功都源于冒险，而冒险最直接的表现就是敢想敢做。当然，我们所说的冒险不是蛮干，而是在有一定把握的情况下做出理性的决策。既然是冒险，就一定会有失败的可能，我们也要做好心理准备，承受失败的风险。

爸爸想让孩子勇于冒险，还要培养孩子的自信。很多孩子因为长期生活在非常安全的环境里，对于面对危险的环境往往会缺乏自信，不知道自己应该如何面对这些环境。其实在必要的情况下，爸爸应该让孩子独立解决一些难题，当孩子真正战胜这些难题的时候，他们才会对自己的能力有一个较为清晰的认识。

爸爸想让孩子有勇气冒险，还应该鼓励孩子尝试新事物。很多爸爸本身是一个墨守成规的人，他们不愿意接受新事物，只接受那些已经存在的旧有的老传统和旧观念。当看到孩子对新事物表现出特别的兴趣时，他们总是会限制或者禁止孩子，这样一来，孩子没有冒险精神的支撑，就无法深入探索新鲜事物，自然也无法获得成功。古今中外有很多伟大的人都是敢于冒险的人，例如我们的先辈徐霞客之所以能够写出《徐霞客游记》，是因为在古代条件那么恶劣的情况下，他依然不畏艰险，走遍祖国的千山万水。

每一次伟大的变革都是在冒险中进行的，推动着历史不断向前发展。哥伦布之所以能发现新大陆，是因为他具备冒险精神，敢于在那个时期环游世界，这样的冒险可能是以生命为代价的。人类之所以能够不断进步，就是因为人类非常勇敢，具有冒险精神；人类之所以有现代的文明，也是因为人类始终在坚持冒险，打破旧有的一切，创造崭新的世界。爸爸一定要让孩子具备冒险精神，这样才能培养孩子各方面的能力，提升心理素质。在冒险中成长的孩子，将来一定会具备很强的社会适应能力。即使遇到坎坷挫折，他们也会积极应对。人生不如意十之八九，没有谁的人生会是一帆风顺的，对于孩子而言，挫折和苦难恰恰是他们成长的催化剂。此外，孩子在冒险的过程中也会接受更多的挑战，所以爸爸要有意识地对孩子进行冒险训练，引导孩子面对危险，克服困难，超越困境。

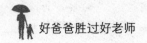

生命在于运动，快乐源于父子相伴

　　小学三年级的时候，乐乐骨折导致卧床半年，在这半年里，由于缺乏锻炼，体重突增了二十多斤。这使得乐乐在病愈的时候，从一个体态匀称的帅小伙变成了一个不折不扣的小胖墩儿。看到乐乐这样的变化，爸爸非常着急，如何才能够让乐乐尽快恢复健康，减掉身上多余的脂肪呢？

　　一开始，爸爸叮嘱乐乐每天都要坚持锻炼，因为乐乐的腿还没有完全康复，所以让他在床上进行运动。但乐乐毕竟是个孩子，自控力有限，又因为已经卧床半年没有运动了，所以他很容易疲惫，并没有把爸爸交代的锻炼任务坚持完成。后来，乐乐的腿恢复了健康，爸爸决定陪着乐乐一起锻炼。每天下班之后，爸爸都会带着乐乐去隔壁大学操场上慢走。渐渐地，乐乐的体力越来越好，肺活量也得到了提高。爸爸和乐乐从慢走到快走，从快走再到慢跑，如此循序渐进，乐乐虽然常常因为不能顺利完成任务而闹情绪，但还是有了很大的进步。

　　有一天，爸爸和乐乐约定要进行一项挑战，那就是围着400米一圈的操场走八圈。乐乐此前从来没有走过这么远，因此非常抵触，爸爸却坚持要求乐乐必须进行这项挑战。就这样，爸爸陪着乐乐一圈一圈地走着，乐乐汗如雨下，对爸爸的怨气越来越重。

等到好不容易走完八圈之后，乐乐一屁股坐在地上，气喘吁吁。这个时候，爸爸对乐乐说："乐乐，其实爸爸来陪你走路之前，已经走了一万多步。因为爸爸今天非常忙，做了很多的事情。那么我想告诉你的是，有的时候你以为的极限其实并不是极限，只要你战胜想休息的欲望，就能够突破极限，做得更好。"乐乐对爸爸的话不以为然，说："极限就是极限，我刚才觉得自己都支撑不下去了。如果继续走下去，我一定会倒在地上。"爸爸对乐乐说："那么，我想向你证明一点，我已经走了一万多步，现在又陪你走了八圈。接下来，我还要再走八圈，你觉得我能做到吗？"乐乐看着爸爸满头大汗的样子，想了想，又摇摇头说："你估计会累趴下吧！"爸爸很有信心地对乐乐说："我一定会很累，但是我不会趴下。我会一直走下去，直到完成任务。现在，你就坐在这里休息，看着我完成任务。"说着，爸爸就开始快速走起来，没有乐乐跟随，他走得非常快，走了八圈只用了很短的时间。走到后半程的时候，他甚至慢跑起来。看到爸爸的头发都被汗水打湿了，乐乐非常担心，他几次让爸爸停下来休息，爸爸却摆摆手。就这样，爸爸又走完了八圈，他气喘吁吁地对乐乐说："乐乐，奇迹是不是人创造出来的？"乐乐由衷地点点头，对爸爸竖起了大拇指，说："爸爸，我也要向你学习，在触碰极限的时候努力突破。"

自从这件事情之后，乐乐再也不抱怨爸爸逼着他锻炼了，对于运动的态度也发生了转变，知道爸爸之所以在辛苦工作一天后还陪着他运动，都是为了他好。从此之后，学校大学的操场上多了一对快乐的父子，他们汗如雨下，坚持锻炼。就这样过去了几个月，乐乐甩掉了十几斤赘肉，腿部力量也越来越强了。

生活中有很多孩子处在过于肥胖、视力不佳的状况中，就是因为他们在生活中缺乏运动。以前，孩子们放学回到家里，很快就会把作业写完，然后出去和小伙伴们疯玩；但是现在的孩子回到家里写完作业之后，没有伙伴一起玩，只能把自己关在家里看电视，或者看电脑吃零食，这使得他们越来越胖，身体健康状况也越来越差。尤其过度使用电子产品导致很多孩子早早就戴上了眼镜。

说起运动，很多人脑海中第一时间就会想起那些竞技类运动，例如各种球类比赛等。其实运动的方式是多种多样的，对于爸爸而言，可以选择适合孩子的运动方式，例如有些孩子喜欢打羽毛球，有些孩子喜欢踢足球，还有的孩子喜欢玩篮球，有的孩子喜欢跑步，这些都是很好的运动方式。爸爸固然要关注孩子的学习情况，对孩子寄予深切的期望，希望孩子将来能够出人头地，但也要明确一个原则，那就是孩子必须先有健康的身体，才能有大好的前程。

很多父母都很关注孩子的身体健康，为孩子提供大量的营养，却不知孩子因为缺乏运动并不能吸收和消耗这些营养，因而导致过度肥胖。有一些父母非常注重开发孩子的智力，带着才几个月的孩子参加亲子训练课，却忽视了引导孩子进行体育锻炼。正如一位伟大的领袖所说，身体是革命的本钱，如果没有好的身体，即使孩子的学习很好，也不能够成人成材。

在儿童时期，可以培养孩子坚持锻炼的好习惯。如果过了儿童期，孩子没有养成锻炼身体的好习惯，那么到了初中、高中阶段，随着课业负担的加重，他们会更加不愿意锻炼。所以爸爸要抓住儿童期，陪着孩子一起运动，这样孩子才能变得越来越健康。尤其让孩子从理性上认识到体育锻炼的重要性，当然，如果孩子很排斥枯燥的体育锻炼，那么，爸爸还可以把体育锻炼与游戏相结合。在进行体育锻炼的时候，爸爸还要根据孩子的年龄特点进行合理安排，给孩子安排适度的运动量。锻炼一定要坚持适度的原则，如果过度锻炼，就会对孩子造成伤害。

如今，大多数家庭里都有私家车，很多孩子在出门的时候就坐私家车，不愿意走路，甚至有一些孩子不愿意乘坐公共交通工具。面对孩子这样的表现，爸爸可以多多带着孩子搭乘公共交通工具低碳出行。对于那些比较近的路途，还可以带着孩子步行。如果发现孩子特别排斥走路，爸爸要观察孩子是否生病了，排除孩子生病这个原因之后，就要多多鼓励孩子积极运动。

运动本身是枯燥的，但得到了爸爸的陪伴之后，对于孩子而言，运动就会变成一件有趣的事情。在运动的过程中，爸爸可以和孩子开展竞赛，如果孩子对运动带有一些负面情绪，爸爸还可以和孩子进行积极的沟通。这对于亲子关系的建立与恢复都是非常有好处的，拥有良好的亲子关系是运动的一大福利。

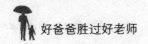

陪孩子看电影

受到爸爸的影响，乐乐非常喜欢看电影。爸爸是个电影迷，每当有新的影片上映，爸爸第一时间就会去电影院看。乐乐小时候最喜欢看动画大电影，但到了七、八岁的时候，他就开始跟爸爸一起看影片了。虽然刚开始的时候，他看不懂这些复杂的情节，只能够了解一个大概，但坚持看下来，乐乐的理解能力越来越强。到了十岁左右，乐乐就可以和爸爸深入探讨一部电影的主题思想了，这让爸爸感到特别欣慰。

最近《银河补习班》上映，受到了很多人的好评。爸爸决定带着乐乐一起去看《银河补习班》，他对乐乐说："《银河补习班》可是一个很应景的电影，最适合父子俩去看了。"乐乐被爸爸说得心动了，当即就接受了爸爸的邀请。一场电影看下来，爸爸和乐乐感触都很深，爸爸感受到了电影中父亲的用心良苦，而乐乐则对电影中的孩子深表同情。

电影中还有很多别有深意的对话，爸爸和乐乐对此也展开了讨论。看了这部电影之后，几天时间里他们一直都在讨论这部电影。看到他们讨论得热火朝天，妈妈也心动了。趁着爸爸和乐乐一起去游泳，妈妈独自去看了《银河补习班》。回到家里之后，作为文字工作者的妈妈说了《银河补习班》里两句非常经典的台词，问乐乐对此有什么感悟，爸爸和乐乐的回答都比较肤浅，并没有达到妈妈的要求。这个时候，妈妈对爸爸和乐乐说："看来只是父子俩去看电影还远远不够啊，因为你们对文字不够敏感。"说着，妈妈就把对这两句话的感悟说了出来，爸爸和乐乐感慨道："虽然我们对这两句话也很有感觉，但并不能像你这样把它们完美地阐述出来，看来我们的文字功底还不够呀！"听着爸爸和乐乐夸张的表达，妈妈忍不住笑起来。

如果说书籍是滋养人心灵的养料，那么看电影则是一场视觉大餐。电影是一种非常高雅的艺术，能获得比读书更为直观的感受。再加上电影院中非常好的音响效果，往往会给人营造出身临其境的感觉，使观众真正地融入到剧情中，感受到角色的喜怒哀乐。电影的内容是非常精炼的，一本长篇小说有可能只通过两个小时的影片就能够演绎出来，所以电影的情节非常紧凑，进展的速度也非常快。在看电影的时候，孩子必须集中注意力，对电影中的很多细节加以关注，这样才能够体会出电影的意义。

除了陪孩子读书，爸爸要陪着孩子去看电影，带着孩子感受视听盛宴，这也是非常难得的体验。孩子小时候可能对动画电影更感兴趣，那么爸爸要耐心陪着孩子看动画电影。等到孩子升入小学高年级或初中，可以看懂成人的电影了，爸爸还可以陪着孩子看很多经典的电影。在看电影的过程中，父子俩相依相伴，看完之后，父子俩针对电影的情节和人物进行深入的交流，在此过程中也能互相了解，一举数得。

在陪孩子看电影的时候，爸爸要注意以下几点：首先，爸爸在选择电影的时候，要根据孩子的年龄特点来选择适宜的电影。有一些影片是比较暴力的，可能会对孩子造成不好的影响，这样的电影最好不要让孩子观看；还有一些会引起争议的影片，也不要让孩子看。要让孩子看那些充满正能量的电影，这样才能够对孩子起到积极的教育作用。

其次，根据孩子的年龄特点，要选择时长合适的电影。有些电影的时间很长，孩子们因为年纪小，不能长久地坐在电影院里，常常会感到非常烦躁。因此爸爸要选择时长合适的电影，带着孩子一起去看。

再次，在看完电影之后，为了加深孩子对于电影情节的理解，爸爸要很有耐心地引导孩子表达，和孩子沟通。针对电影中的某一些情节或者是某个人物，爸爸可以坦诚地告诉孩子自己的感受，起到抛砖引玉的作用，鼓励孩子说出他们的感受。这个时候，电影就会变成一种媒介，是爸爸和孩子深入沟通的媒介，让双方在沟通的过程中互相理解，产生共鸣。

最后，看电影不一定要去电影院，很多家庭里现在都有宽屏幕的电视可以联网，在很多网络上都可以找到一些经典的电影。最新的电影未必会成为经典，经典的电影全都是经过时间沉淀才留下来的佳作，爸爸可以搜集一些好电影，和孩子一起欣赏，用这种方式来度过闲暇的时光是非常好的。

孩子的成长可以以各种各样的方式进行，并不应该完全拘泥于学习这一种方式。在陪伴孩子的过程中，爸爸也可以开发出更多的方式，和孩子一起感受亲子相处的快乐。

给孩子介绍更多的好玩伴

小学四年级，朱莉从老家转学到了南京。刚刚从小县城来到南京，人生地不熟，面对陌生的老师和同学，朱莉感到非常紧张，也常常由于听不懂老师带着南京口音的话而导致课堂上回答问题出现错误，或者是作业没有完成。这让朱莉感受到前所未有的压力。

看到朱莉糟糕的状态，爸爸很着急，因为有几天朱莉甚至都不想去学校上学了。爸爸心想：朱莉是一个品学兼优的好学生，到了南京，不能因为语言不通使学习成绩下滑呀。而且孩子学习的道路很长，如果从此走了下坡路，那么将来的前途就会受到影响。想到这里，爸爸对妈妈说："最近，朱莉因为刚刚转学，心情很不好，我觉得咱们有必要为她创造机会，为她找到新的玩伴，可以是她的同学，也可以是小区里的孩子。你有什么推荐的人选吗？"妈妈看着爸爸，想了想，说："娜娜既是朱莉的同学，也和咱们住在同一个小区。要是朱莉能和娜娜成为好朋友，一定会渐渐适应新的学习生活。"爸爸认为妈妈说得很有道理，当即想方设法地为朱莉创造机会认识娜娜。

爸爸经过一番打听，得知娜娜的爸爸和他同事的爱人在同一个单位上班，他就趁着周末的时候做东请大家吃饭，让同事带着他的爱人过来，也让娜娜跟随爸爸、妈妈来参加宴会。因为有同事的爱人从中牵线搭桥，所以朱莉爸爸和娜娜爸爸很快熟悉起来，朱莉妈妈也和娜娜妈妈很快熟悉起来。理所当然地，朱莉和娜娜也很快熟悉起来。经过这次宴会，娜娜与朱莉的关系有了很明显的改变。原本，她们虽然知道彼此是同学，也住在同一个小区，但顶多就是见面互相笑一下。现在，她们相约着早晨一起去学校，放学的时候一起回家。有的时候作业少，她们在完成了作业之后，还会下楼玩很长时间才回家吃饭。渐渐地，朱莉越来越喜欢去学校了。她对爸爸说："我很喜欢娜娜，娜娜还给我介绍了好几个新朋友呢！"看到朱莉变得这么开心快乐，爸爸欣慰极了。

父母即使很愿意陪伴孩子玩耍，也不可能代替同龄人在孩子成长过程中的位置。每一个孩子都需要同龄的玩伴，否则他们从学校回到家里就会感到非常孤独。遗憾的是，大多数父母对于孩子的这种需求并没有重视，他们不知道孩子正在遭遇缺乏伙伴的危机。孩子如果在小学、初中、高中阶段没有玩伴，不能在和玩伴一起玩耍的过程中感受到快乐，他们的性格可能会越来越冷漠孤僻，有些孩子还会因为缺少同龄人的陪伴，导致身体健康受到损害，心理发展出现扭曲。

对于孩子而言，他们正是借助童年时期与同龄人玩耍的过程来培养人际交往能力的。在此过程中，他们会学习与人沟通，增强与人沟通的能力。如果孩子没有经历这段成长的过程，那么他们在成长的路上就会遭遇各种困惑。例如有一些孩子会有多动症的倾向，还有一些孩子会因为太过孤独和寂寞出现自闭症的症状。尤其是在钢筋水泥建造的大都市里，大多数家庭里都只有一个孩子，很多孩子的父母本身也是独生子女，这就使孩子既没有亲生的兄弟姐妹，也没有堂兄弟姐妹，只能一个人在家里，等待着忙碌的父母回家陪伴他们。他们除了玩各种各样的玩具，就是盯着电脑或电视，这些电子产品都是冷冰冰的，并不能够与孩子进行互动，还会让孩子沉迷于其中，性格变得越来越孤僻。

在几十年前，我们小时候每天都会和自己的兄弟姐妹或周围邻居家的小伙伴们一起玩耍，但是对于现在的孩子来说，这样的玩耍已经变成了一种奢侈。明智的爸爸会认识到孩子正处于孤独的状态，他们会牵线搭桥，为孩子介绍更多的好伙伴。有的时候，孩子们并不需要特别多的伙伴，可能他们只要认识一个伙伴，就会由此而认识一连串的伙伴。对孩子来说，这就像寻宝游戏，明明只找到了一个宝物，却带出了一串的宝物，会让孩子特别有成就感。

当然，爸爸要想为孩子介绍玩伴，首先要认识到玩伴对孩子的成长非常重要。孩子在成长过程中往往会与三类人接触：第一类是父母，第二类是同龄的小伙伴，第三类就是孩子自己。毫无疑问，孩子和父母在一起会感受到幸福快乐，学会与自己相处也是很重要的；但在这三类人之中，不可缺少的还有玩伴。人是感情动物，每个人都需要与他人进行感情的交流，在封闭的环境中，人的内心也会渐渐封闭起来，而与同龄人在一起，孩子则能够敞开心扉。同龄人之间有很多的共同点，所以也会有共同的语言。爸爸虽然可以和孩子一起玩耍，但并不能完全代替同龄人去陪伴孩子。如果孩子既得到爸爸的陪伴，又能得到同龄人的陪伴，那真是太幸福了。

有些爸爸因为担心孩子遇到危险，所以不让孩子走出家门和更多的小伙伴接触。实际上，这种因噎废食的教育方式会限制孩子的发展，也会让孩子的内心变得闭塞。作为爸爸，应该为孩子找一个安全可靠的玩伴。必要的时候，爸爸还可以陪伴在孩子身边，保证孩子的安全。在大城市中，邻里都处于"孤立"的状态，其实大家并非互相不感兴趣，而是因为谁都不想迈出第一步，主动和对方打招呼。那么，爸爸为了帮助孩子寻找玩伴，可以主动迈出第一步和对方打招呼，这样对方当然也会回报以热情。由此可见，好爸爸除了要有心之外，还要能够做到主动出击，这样才能为孩子寻找到同龄人的陪伴。

陪孩子看一本好书

乐乐从小就喜欢看书，因为妈妈就是一个阅读爱好者。妈妈很喜欢给乐乐买书，还经常陪乐乐一起看书。在这样的气氛中，乐乐不知不觉间就爱上了读书。和很多父母都不让孩子看与学习无关的书相比，妈妈给乐乐买的书则是相对比较杂的，只要是乐乐喜欢看的书，妈妈都支持他看，有科幻的，悬疑的，各种科普知识的，也有学校指定的那些经典名著。但是妈妈并不强求乐乐看学校指定的名著，因为妈妈尊重乐乐的意愿，毕竟阅读兴趣比什么都重要。

最近，《摆渡人》这本书已经成为现象级图书，在世界范围内畅销，所以妈妈买了给乐乐看。乐乐看到之后也非常感兴趣，问妈妈："我可以看吗？"妈妈点点头说："当然！"这个时候，爸爸在一旁也感到非常好奇，说："这是什么书啊？乐乐居然主动要看，我也想看。"乐乐拿着书对爸爸说："那你要等我看完之后再看咯！"爸爸突发奇想地对乐乐说："好吧，我决定再买一本，咱们俩比赛看这本书，PK一下，看看谁对书的理解更深刻，好不好？"

说起看书，乐乐可不怕输给爸爸，因为乐乐看过的书比爸爸看过的书还多。平日里爸爸并不喜欢看书，不知道今天为什么这么有雅兴。和爸爸约定好之后，为了保证比赛的公平，乐乐决定晚一天再看书，等爸爸买的书到了，他要跟爸爸同时开始看书。其实乐乐不知道爸爸的真实想法很简单，那就是他要陪着乐乐看一本好书。

原来，爸爸在一本家庭教育的书籍中看到了一句话，意思就是说，要想当好爸爸，就要陪着孩子看一本好书。既然妈妈说这本书已经是全世界现象级的畅销书了，那么爸爸当然想和乐乐一起读完这本书。就这样，爸爸和乐乐每天晚上吃完饭，在乐乐完成作业之后，就开始了愉快的阅读时光。他们都坐在台灯下，安安静静地看书，也不针对书中的故事情节或者人物进行交流，他们想把这本书看完之后再来进行深入的沟通。几天之后，他们的书已经快看完了。这天晚上，乐乐已经到了睡觉的时间，但他欲罢不能，很想看到结尾。这个时候，他问爸爸："我可以今天熬夜把这本书看完吗？我实在很好奇结尾到底是怎么样的。"爸爸对乐乐说："当然，当然！我也可以跟你一起把这本书看完，因为我也欲罢不能啊！"就这样，爸爸和乐乐挑灯夜读，妈妈虽然担心乐乐睡眠不足，但是偶尔熬一晚上是没有大碍的，看到两个书虫在台灯下奋战，妈妈感到非常欣慰。

把这本书看完之后，爸爸不想打扰妈妈睡觉，就和乐乐挤在一张床上睡着了。次日恰好是周六，一大早起来，爸爸和乐乐就开始讨论书中的内容，因为他们是同时看完这本书的，所以他们对这本书的讨论非常激烈，也非常深入。通过阅读这本书，爸爸觉得自己和乐乐的心灵更加贴近了，尤其是在向别人说起这本书的时候，俩人常常心有灵犀地说出同样的评语，这让乐乐感到非常开心。

陪孩子看一本好书，对于爸爸而言，这件事情很容易做到，也很难做到。之所以说很容易做到，是因为和孩子一起看书并不是多么难的事情；说很难做到，是因为爸爸常常会有各种各样的工作要处理，生活休息和孩子并不能完全保持一致；还因为很多爸爸并没有这样的耐心去和孩子看同一本书。这就使得和孩子一起看一本好书变成了一种奢望。

陪着孩子看一本好书，并不局限于看与学习有关的书籍。在学校里，孩子主要负责学习课本上的知识，但课本上的知识是相对单一的，如果孩子能够多多阅读课外书，开阔自己的眼界，让自己的知识更加丰富，那么孩子在成长之中就会获益。

书籍是人类的精神食粮，也是人类进步的阶梯。要想通过读书来汲取知识和养分，不断进步，就要培养阅读的好习惯。阅读课外书能够开阔孩子的眼界，让孩子了解更多的知识，培养孩子的兴趣爱好，让孩子看到，在学校学习之外，还有更多有趣的事情。除此之外，故事类的书籍还能够让孩子感受书中人物的喜怒哀乐，从而学会如何用语言进行表达。最重要的是，读书可以丰富和充实孩子的心灵，使孩子增长见识。在阅读图书的过程中，孩子们可以感受到书中人物的情感，也可以受到书中人物精神的影响。有一些书所塑造的人物形象都是非常积极、正能量的，孩子在感受到这些人物的精神力量之后，当自己面对困难和磨难的时候，也会具有更加强大的力量，内心充满希望。

在这个浮躁的时代，很多初中生或高中生不是在玩游戏，就是在看电视，他们很难静下心来阅读。读书可以提升孩子的专注力，也可以让孩子摒弃浮躁，变得更加踏实和安静。阅读课外书还能够帮助孩子积累词语，提升写作能力。当然，读书的作用并没有那么直接和明显，要想通过阅读来提升孩子各方面的能力，就要使孩子长期坚持阅读，日积月累，由量变

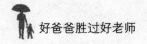

引起质变。很多孩子在写作文的时候内容都非常空洞，言之无物，就是因为读书读得太少。当孩子长期坚持阅读，他们写起东西来就会感觉信手拈来，轻松自如。

如果说学校的学习更倾向于填鸭式，老师会把那些知识掰开了揉碎了讲给孩子听，以各种练习的方式帮助孩子消化和吸收，那么读书则是一种更加主动的学习方式。很多孩子都想要积极主动地学习，发挥创造性，那么就要以阅读课外书的方式来进行。在此过程中，爸爸一定要有开阔的眼界，不要认为孩子读和学习无关的课外书，就是对学习无益。实际上，书籍上各种知识之间的联系是非常紧密的，如果孩子非常积极地阅读课外书，那么他们主动学习的能力也会增强。通过在课外书中学习各种知识，他们也会培养起发散性思维，更好地解决问题。总而言之，孩子的学习不应该是被动、片面的，而应该是积极主动、非常立体的。虽然读书的好处很多，现实的情况却令人遗憾，那就是大部分孩子在升入初中、高中以后，因为课业负担的加重，他们阅读课外书越来越少。

爸爸要想培养孩子读书的好习惯，不但要放手让孩子阅读喜欢的课外书，还可以像事例中的爸爸一样抽出时间来陪着孩子一起读课外书，这会让孩子感到非常新鲜有趣。尤其是在读书之后，和爸爸一起探讨书中的情节和人物，会让孩子感觉到非常骄傲，觉得自己就像一个真正的大人那样可以和爸爸进行交流。

如果孩子从来不喜欢阅读，那么孩子的发展就会受到很大的局限；如果家庭从来不重视阅读，那么这个家庭就会渐渐走向平庸；如果学校不重视阅读，那么这个学校就是以应试为目标的学校，并不能发展孩子的全面素质；如果一个民族不重视阅读，那么这个民族就会失去希望，让人感到窒息。爸爸一定要培养孩子的阅读习惯，陪孩子看一本好书，正是帮助孩子打开阅读之门的好方法。

　　在陪孩子读完一本好书之后，爸爸可以引导孩子写一篇读后感，对于孩子来说，当把读书产生的感悟变成文字沉淀下来的时候，他们对于书中所蕴含的道理将会理解得更加深刻和透彻。当孩子读书读到一定程度的时候，他们往往会有表达的欲望，在这种情况下，爸爸还可以多多鼓励孩子学习写作，进行投稿。如果孩子发现自己的文字变成了铅字发表在刊物上，那么他们一定会获得很大的成就感，增强自信心。总而言之，读书对孩子好处多多，帮助孩子形成阅读的好习惯，就从陪着孩子读一本好书开始吧！

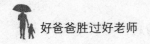

即使在家也要玩出花来

2020年春节前后，新型冠状病毒肺炎疫情很快蔓延。在将近两个月的时间里，孩子不上学，爸爸妈妈不上班，全家人每天24小时厮守在一起，很多家庭因此吵闹不断，也有家庭想出了很多好玩的游戏，度过了非常精彩而又充实的隔离期。

在这两个月里，皮皮和爸爸的感情越来越深了。虽然这两个月也上网课，但皮皮在课余时间里和爸爸玩得非常开心，因为皮皮爸爸是一个很会玩的爸爸。虽然家里的空间有限，可供玩乐的项目也少，但爸爸却想出了很多好玩的游戏。

很多爸爸都觉得孩子想要获得快乐是很难的，实际上孩子快乐的原因是非常简单的。从本质上来说，快乐就是一种自我感觉和体验，不管有多少金钱，都买不来快乐；不管有多少物质，也不能够堆砌出快乐。孩子只有发自内心地感受到快乐，才会觉得幸福和满足，爸爸恰恰给予了皮皮这样的快乐。因为要减少外出，爸爸和皮皮发明了套圈游戏，爸爸自制了很多圈儿，把家里各种小东西都摆在客厅，和皮皮一起套圈。看到皮皮百无聊赖，爸爸还和皮皮开展了钓鱼比赛，原来家里有一个很大的鱼缸，里面养了十几条金鱼，爸爸和皮皮制作了简易的钓鱼竿，就开始进行钓鱼比赛。

在这个漫长的假期里，爸爸还教会了皮皮下五子棋。原本皮皮对下五子棋一窍不通，也不太想玩五子棋，但在爸爸的教导之下，他越来越擅长下五子棋。两个月之后，爸爸居然成为了皮皮的手下败将。爸爸和皮皮还带着妈妈一起玩猜字谜游戏，一个人举着一个字谜，让另一个来进行表演，第三个人根据表演者的表演猜字谜。猜字谜游戏是全家人都喜欢的游戏，看着爸爸妈妈笨拙的表演，皮皮总是乐得前仰后合。当然也有一些高难度的游戏，例如成语接龙、造字游戏等，在家里都非常受欢迎。这些游戏，使爸爸妈妈在居家办公之余，也使皮皮在网课学习之余，都感到充实而快乐。

两个月的隔离期过去了，很多人都憋得要发疯了，但皮皮却觉得意犹未尽。这是因为他有爸爸的陪伴，在玩得开心尽兴的同时，他们也为国家的抗疫尽到了自己的一份力量，至少没有给国家添乱，而是成为了国家非常稳定的一分子，坚守好家庭的阵地。

对于孩子而言，家是温馨的港湾，是幸福的乐园。每一个家庭想获得完美的幸福，都离不开孩子的欢声笑语，所以很多爸爸妈妈都希望孩子开心快乐。孩子的快乐虽然很简单，却并不容易获得，爸爸教育和陪伴孩子一定要有技巧，才能事半功倍。

孩子的天性就是喜欢玩，一旦玩起来，就会乐此不疲。但孩子毕竟缺乏经验，不能玩得非常好，如果爸爸能够带着孩子一起玩，陪伴在孩子的身边，引导孩子玩出各种花样，那么孩子就会玩得更加开心。

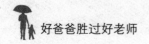

　　在此过程中，爸爸需要摆正心态。很多爸爸都觉得自己是在陪孩子玩，孩子玩，他们看。甚至有一些爸爸拿着手机，一直盯着手机站在孩子身边，这样的陪伴，有还不如无。真正的陪伴，至少双方应该一起互动，如果爸爸能够调整好自己的心态，让自己成为和孩子一起玩耍的伙伴，那么孩子就会更加开心。

　　陪着孩子一起玩，爸爸除了要发散思维想游戏方法，还要做到全心投入。前者做到看起来有一定的难度，但实际上做到后者的难度才是更大的，因为很多爸爸都不重视对孩子的陪伴。当孩子玩游戏的时候，他们就百无聊赖地站在一边，人虽然在孩子身边，心却不知道飞到哪里去了；也有一些爸爸人站在孩子的身边，眼睛却盯着手机游戏；还有一些爸爸会对孩子的游戏指手画脚，这使孩子觉得自己找来了一个监工，而不是一个伙伴。爸爸只有放下父母的架子，也放下手边的工作，真正把自己当成孩子，和孩子在一起玩耍，才能够让孩子玩得尽兴。很多孩子都喜欢玩过家家的游戏，在这个过程中，爸爸和孩子会扮演不同的角色。切勿小瞧这个游戏，因为在扮演不同角色的过程中，孩子会形成角色意识，也会更好地扮演自己的角色。

　　说起玩，很多爸爸都觉得应该带孩子去外地旅游，或者带孩子去游乐场玩，实际上即使宅在家里也能够玩出新意来，重要的是爸爸和孩子都有一颗会玩的心，这样才能够开拓出玩耍的新方式。有的爸爸能把自己放得很低，他们不但是孩子的玩伴，还把自己当成是孩子的玩具。不得不说，这是做爸爸的至高境界。

　　爸爸切勿进入一个误区，即觉得在陪伴孩子的时候一定要花很多钱才能够让孩子感到开心快乐。实际上，孩子的快乐与金钱和物质是无关的。周六、日休息的时候，爸爸即使只是在家里陪伴孩子度过两天的时光，只要能够全身心投入，孩子也会感到非常快乐。当爸爸在家里把简单的游戏玩出新意的时候，孩子甚至会因为有这样的一个爸爸而感到骄傲。

第四章

身教大于言传，好爸爸是孩子的好榜样

在家庭教育中，爸爸如果只知道对孩子讲各种大道理，那么教育的效果一定是令人担忧的。尤其对于年幼的孩子而言，身教的作用远远大于言教，所以爸爸不仅要告诉孩子道理，而且要亲身实践、给孩子做好示范。爸爸要做孩子的好榜样，让孩子有优秀的对象可以模仿，这样孩子的成长和进步才会更快。实际上，想要做到这一点，父母首先要端正自己，让自己成为孩子最好的榜样。所以也有人说，教育孩子的本质就是教育自己。只有先把自己教育好，爸爸才能够成为合格的爸爸。

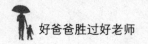

爸爸要成为孩子的偶像

从前，有一位宰相夫人特别重视对孩子的家庭教育。每天她都叮嘱儿子一定要认真学习，懂得礼貌，对人要守信用，对君主要非常忠诚等等。但是，孩子很多时候并不愿意听妈妈的教诲，常常是左耳朵听右耳朵冒。和宰相夫人完全不同的是，宰相每天都去上朝，回到家里就在书房看书，很少教育孩子。看到宰相对孩子的教育这么疏忽，夫人非常着急，几次三番让宰相好好管教儿子。

就在夫人千叮咛万嘱咐的时候，宰相的眼睛也没有离开书本。他沉浸在书中的世界，对夫人的话完全没有听见。夫人非常生气，提高声音对宰相说："不要再看书了，再不管教儿子，儿子就要走下坡路了。"这个时候，宰相抬起头对夫人说："我每时每刻都在教育儿子，只是你没有看见而已。"

其实，宰相说自己时时刻刻都在教育儿子，实际上就是说他正在对孩子进行身教，通过实际行动，给孩子做出榜样。如果孩子能够以宰相作为自己的偶像，学习宰相的行为，那么孩子在学习方面一定会有很大的进步。人们常说，"一日为师，终身为父"。这句话反过来说也是成立的，那就是一日为父，终身为师。爸爸不仅是孩子的照顾者、监护人，也是孩子的引路人和老师。孩子从出生开始就在爸爸妈妈的照顾下成长，爸爸妈妈的一言一行、一举一动都会影响孩子。尤其是在孩子渐渐懂事之后，孩子会发现爸爸很有责任感，在家庭中承担了重要责任，会对爸爸非常敬畏。对于爸爸来说，从成为父亲的那一刻开始，就不能再像单身的时候那样随意，而是要谨言慎行，当好孩子的引导者和领路人。

家庭教育如同春雨，润物细无声，直接关系到孩子的道德品质、性格秉性的形成，也会影响孩子的人生观。所以，爸爸切勿把对孩子的教育看得太过轻微。当孩子还小的时候，具有很强的模仿能力，他们会把父母的一言一行都看在眼里，进行模仿，所以父母要做孩子的榜样，成为孩子的偶像。

有的时候，父母的无心之举都会对孩子产生深远影响。有些父母会有一些坏习惯，如果在孩子面前不注意自己的言行，就会影响孩子。如果父母在公共场合里会说脏话，那么孩子也会养成说脏话的习惯。有的爸爸很喜欢抽烟，即使在公共场合也不例外，导致身边的人都非常厌恶他，自己却对此毫不自觉，等到被提醒不要在公共场合抽烟的时候，他却与人争吵起来，这样的行为对孩子的影响是非常恶劣的。

也有一些父母总是叮嘱孩子要认真学习，努力读书，自己每天下班之后却花天酒地，打麻将或者玩游戏。还有一些父母希望孩子以后能够孝敬自己，却对自己的父母不闻不问，对父母非常不好。也有些父母教育孩子遵守社会秩序，在排队的时候要按照秩序去等候，但自己却总是破坏规矩，言语粗鄙。如果父母总是在孩子面前表现出糟糕的一面，孩子就会受到负面的影响。人们常说，父母是孩子的第一任老师，孩子是父母的镜

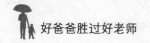

子，在孩子身上父母可以看到自己的很多问题。

爸爸作为孩子的偶像，是孩子成长的活教材，爸爸的一言一行、一举一动都会潜移默化地影响孩子的成长。千万不要觉得孩子还小，就在孩子面前无所顾忌。孩子虽然小，但是他们的内心非常敏感，尤其是爸爸与孩子朝夕相处，陪伴孩子一起玩耍，就更会对孩子起到直接的影响。在一个家庭中，如果爸爸品行端正，性格温良，那么孩子往往也会如同绅士一般彬彬有礼；如果爸爸品行恶劣，性格暴躁，那么孩子往往也会像随时可能被点燃的炮仗，说不定什么时候就会爆炸。

身教的作用是无形的，要靠父母长期的影响，所以爸爸不管之前多么任性，或者不拘小节，在有了孩子以后，都要对自己提出更高的要求。不管是待人处事，还是生活细节方面，都要表现良好，成为孩子的最佳榜样。

要想成为孩子的偶像，除了要做孩子的好榜样之外，爸爸还要有正确的人生观、世界观和价值观，要教会孩子辨别是非。很多爸爸为了安抚孩子，会扭曲事实，例如孩子走路的时候不小心被椅子绊倒，有些父母会当着孩子的面责怪椅子，甚至会拍打椅子几下。这样一个小小的举动会给孩子带来非常恶劣的影响，孩子在下次受到伤害的时候，就会首先把责任推卸到他人身上，失去辨别是非的能力。孩子正处于明辨是非的关键阶段，爸爸切勿为了讨好孩子就混淆黑白，如果孩子被椅子绊倒摔在地上，那么爸爸要告诉孩子，走路的时候要多观察周围的情况，避免被障碍物绊倒，这样孩子下次才能够走得更稳更好。

每当说起偶像这个词，我们总是会想起那些浑身闪耀着光芒的明星，而实际上当偶像并不是那么容易的，因为偶像是万众瞩目的。爸爸作为孩子的偶像，会时刻被孩子关注，爸爸要在各个方面严格要求自己才能够维护好偶像的形象。当然，爸爸并不会因为当了爸爸就成为孩子的偶像和榜样，也不会因为在孩子面前说了一些冠冕堂皇的话，就能够在孩子面前树立权威。家庭是孩子赖以成长的环境，爸爸要想成为孩子的偶像和榜样，就必须对自己高标准严要求，要求自己做得更好，这样才能够成为孩子的偶像，发挥积极作用。

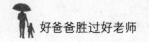

爸爸是孩子养成好习惯的榜样

　　周末，爸爸带着东东去超市采购下星期所要用的食材，购物车很快就装满了。爸爸看着购物清单，发现要买的东西都已经买了，就对东东说："咱们快去收银台结账吧，那里人很多。"

　　因为是周末，收银台前结账的队伍已经蜿蜒如长龙了。这个时候，爸爸发现有一个队伍的中间有很大的空隙，他赶紧推着购物车插到空隙里，假装自己原本就站在这个地方。看到爸爸的举动，东东马上指责爸爸说："爸爸，你怎么插队呢？"爸爸竖起食指放在嘴边，示意东东不要说话，东东还是不依不饶地质疑爸爸："爸爸，你为什么不排队呀？队伍的尾巴在那边呢！"说着，东东还指了队尾处。东东以为爸爸看错了队伍的尾巴，实际上爸爸却是故意插队，想节省时间。

　　爸爸板起脸对东东说："好啦，别说了，这样能够早一点出去。"东东这才知道爸爸是在故意插队，他很不开心，对爸爸说："你不是告诉我不能插队吗？"爸爸尴尬地向东东解释："这个地方正好有空，爸爸就排过来了，不算是真正插队。"这个时候，东东问站在爸爸后面的一位女士说："阿姨，你同意让我爸爸排在这儿结算吗？"那位女士摇摇头说："大家都很着急，都想早点回家做饭，这样插队可是不好的行为！"听到这位女士这么说，爸爸满脸羞愧，东东又问女士后面的另外一位顾客，也得到了同样的回答。爸爸再也不好意思继续站在这里，只好推着购物车灰溜溜地去队尾处站着排队。

社会生活之所以井然有序，离不开每一个人积极主动地遵守社会规矩。如果我们总是抱着侥幸的心理，打破社会的规矩，扰乱秩序，那么社会生活就会变得一团糟。在这个事例中，爸爸嘴上一套，实际一套，他虽然教育东东要遵守规则，要主动排队，但在看到宛如长龙的队伍时，他却忍不住插队了，给东东做了坏的示范，起到了非常负面的作用。

当爸爸对孩子说一套做一套的时候，孩子会感到非常困惑。他们不知道应该以爸爸说的为标准，还是以爸爸的实际行动为标准。在这样的过程中，他们就会非常迷惘，也会因为得不到统一的标准而导致行为出现很大的偏差。爸爸要想帮助孩子养成好习惯，就要在养成习惯方面成为孩子的榜样，当然，要想实现这个目标，爸爸需要做好很多方面的准备。

首先，爸爸要养成良好的生活习惯。如果爸爸没有养成良好的习惯，只是在纸上谈兵，用空洞的语言告诉孩子应该养成哪些习惯，这样的效果往往不尽如人意。习惯的力量是非常强大的，在无形之中就会影响我们的言行举止。如果我们总是任由自己去做一些放纵的行为，那么很容易就会养成坏习惯。坏习惯，养成容易戒掉很难，与好习惯恰恰相反，养成好习惯需要一个漫长的过程，而丢掉好习惯却很迅速。这是因为好习惯让我们接受约束，而坏习惯却是循着本能放纵我们自己。在这种情况下，我们当然要养成好习惯，戒掉坏习惯，尤其是作为爸爸，如果沾染了坏习惯，无意间在孩子面前呈现恶劣的言行举止，那么对孩子的影响会是非常糟糕的。爸爸只有坚持养成好习惯，自然而然地在孩子面前做出那些积极的行为举动，才能够给孩子树立好榜样。

生活习惯包括很多方面内容，例如规律的作息时间、主动学习、坚持阅读、进行有益的娱乐活动等，这些都是生活的好习惯。当家庭中所有成员都养成了这些好习惯，那么，孩子在成长的过程中得益于良好的家庭氛围，更容易养成好习惯。反之，如果爸爸妈妈都没有养成良好的生活习惯，却要求孩子一定要养成好习惯，那么孩子习惯的养成就会受到很大的影响。

俗话说，"没有规矩，不成方圆"。儿童时期是养成好习惯的重要时期，在这一时期形成的很多习惯甚至会陪伴孩子一生；习惯一旦养成，将会陪伴孩子度过小学阶段、中学阶段、大学阶段，以至于对日后的工作生活形成影响。所以，爸爸要养成良好的睡眠习惯、饮食习惯、个人卫生习惯等，这样孩子才会和爸爸一样也养成良好的习惯。

其次，爸爸要养成良好的学习习惯。大多数父母都非常关注孩子的学习，也希望孩子能够在学习方面表现得更加积极主动。当发现孩子在学习懒惰和懈怠的时候，爸爸往往非常发愁，老师也因此而头疼。曾经有研究机构经过调查发现，孩子学习成绩的好坏，只有20%取决于智力水平的高低，而80%都与非智力因素密切相关。所谓非智力因素，包括习惯、信心、兴趣、意志力、性格等，在这些因素之中，习惯所起到的作用又占据主要地位。古今中外那些有所成就的人，都有很好的学习习惯。

所以，爸爸不能只要求孩子养成良好的学习习惯，而自己却只知道吃喝享乐。如果爸爸在学习方面表现得非常糟糕、却对孩子提出学习要求，孩子又怎么可能会服气呢？现代社会，只靠着在学校里所学的那些知识，已经不足以适应时代的发展，所以即使爸爸已经离开学校，走上了工作岗位，也要树立终身学习的观念，在工作的过程中始终坚持学习，这样才能够让自己适应工作的要求。与此同时，也可以给孩子树立良好的学习榜样，起到积极的身教作用。

最后，除了生活习惯与学习习惯之外，爸爸还要养成良好的行为习惯。习惯的养成与生活中的每件事情都密切相关，孩子的模仿能力很强，他们最喜欢模仿自己崇拜的人。爸爸作为孩子的偶像，自己的一举一动都应对孩子起到积极的影响作用。举个简单的例子，如果爸爸喜欢抽烟，那么孩子长大之后抽烟的概率就会很大；如果爸爸喜欢玩游戏，那么孩子也往往会沉迷于游戏；如果爸爸脾气暴躁，很喜欢打人骂人，那么孩子长大以后也会有暴力倾向，而且性格会非常糟糕。由此可见，爸爸每个方面的坏习惯都会对孩子产生影响，所以爸爸一定要养成良好的行为习惯，才能够指引孩子做得更好。

当然，好习惯并不是天生就有的，而是在后天成长的过程中，通过坚持而逐渐形成的，对人们生活的方方面面都会起到很大的影响。作为爸爸，一定要严格要求自己，以身示范，给孩子做好榜样，帮助孩子养成好习惯，让孩子受益一生。

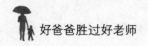

以身示范，引导孩子遵守规则

周末，妈妈出差了，爸爸带着小宇去超市采购。超市里人很多，尤其在生鲜区域，有很多顾客都在选购新鲜的肉类、鱼类和水果、蔬菜等，称重的人很快排起了长队。爸爸不是很擅长做饭炒菜，只选购了几根丝瓜、黄瓜和西红柿，留着下面条吃。看到前面排队的人都推着很多生鲜食材等着称重，小宇有些着急，突然，他看到前面两个顾客之间有很大的间隙，马上拿着商品见缝插针地插进队伍。爸爸正拿着葱姜蒜的组合调料走过来，把小宇的行为都看在眼里。小宇高兴地喊爸爸，让爸爸把东西给他，但爸爸仿佛没有听到小宇的呼唤，径自走到队伍的末尾，开始排队。小宇尴尬地从队伍中间走到队伍末尾，问爸爸："爸爸，咱们的东西很少，不值得排这么长的队吧！"爸爸对小宇说："小宇，你就算是只买一根葱，也要排队。大家都在排队，这是规则，谁都不能违反规则。"小宇有些疑惑："但是，时间不是更宝贵吗？"

爸爸点点头，说："时间的确是很宝贵的，对于每个人都是如此。如果我们插队，对那些排队结算的人而言就是不公平的，我们就相当于耗费了别人的时间。你现在上小学，还没有学到鲁迅的文章，等到上了初中，你读了鲁迅的文章，就会知道——时间是组成生命的材料，浪费别人的时间等于谋财害命。所以一定要遵守规则，尊重别人，不要无端耗费别人的时间。如果的确有特殊情况，那么就要经过大家的同意，才能特事特办。当然，还是尽量不要给别人添麻烦，因为每个人都很忙。"小宇认真地听着爸爸说话，若有所思地点点头，说："爸爸，那么我们排队吧，以后我再也不插队了！"爸爸赞许地对小宇点点头。

很多爸爸都会对孩子提出各种要求，也会督促孩子遵守规则，但实际效果并不好。这是为什么呢？因为"爸爸只许州官放火，不许百姓点灯"。在教育孩子的过程中，爸爸总是把自己看得高高在上，对孩子发号施令，一旦发现孩子表现不好，就严厉地训斥孩子。殊不知，在此过程中，孩子一直在观察着爸爸的表现呢！如果爸爸要求他们遵守规则，他们就会观察爸爸是否会主动遵守规则。当发现爸爸不遵守规则的时候，孩子又怎么会听爸爸的话，对自己严格要求、主动遵守规则呢？孩子的模仿能力很强，他们把爸爸的一举一动都看在眼里，正因为如此，人们才会说上梁不正下梁歪。从这一点上来考虑，爸爸一定要以身作则，给孩子树立好的榜样，才能对孩子产生更强的正能量作用。

作为成人，也许懂得很多道理，知道很多规则，但依然会有人抱有侥幸心理，挑战规则，或者钻空子。当无数行为成为习惯，爸爸即使当着孩子的面，也会不知不觉地做出违反规则的事情。一旦被孩子发现并且指责，成人就会觉得丢了面子。如果孩子对于成人违反规则的行为不以为然，那么就意味着孩子也会和成人一样违反规则。教育孩子从来不是简单

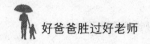

容易的事情，尤其作为爸爸，每天和孩子朝夕相处，更容易因为无意间做出的举动给孩子留下糟糕的印象，产生负面影响。在成为爸爸之后，原本自由自在的男人就要扮演好爸爸的角色，对自己高标准严要求，言行举止都要参考好爸爸的标准，判断自己的言行举止是否会给孩子带来负面影响。

大到社会，小到家庭，再到每一个人的生活，要想维持正常运转，就要遵守规则。如果爸爸不能从小培养孩子遵守规则的意识，帮助孩子养成遵守规则的好习惯，那么等到孩子长大成人，走出家庭，走入社会，他们再违反规则，就会受到更严厉的惩罚。

前些年，有一家人去野生动物园旅游。在野生猛兽出没的区域，一个年轻女性从私家车的驾驶座上下来，与坐在副驾驶座位上的丈夫交换位置，结果被凶猛的老虎扑倒在地撕咬。当时，她的母亲正坐在后座上，看到女儿有生命危险，母亲当即下车去保护女儿，结果女儿被猛虎咬成重伤，母亲则被猛虎咬死。这完全是人为的悲剧，如果这位女性能够遵守规则，不在野生动物园里下车，那么这个悲剧就不会发生。时隔不久，有一个年轻的爸爸带孩子去动物园里玩，因为觉得动物园门票贵，这个爸爸让妈妈带着孩子买票从正门进入动物园，自己则翻墙进入动物园。他万万没想到，他翻越的墙壁这边，就是猛虎的家，因此被猛虎咬死。这样的悲剧让人扼腕叹息，当悲剧发生，人们也许会追问："为何他们不遵守规则？如果遵守规则，不就不会发生这样的事情了吗？"的确如此，规则小到影响生活中的点点滴滴，大到决定人的生死。

　　爸爸一定要培养孩子的规则意识，也要帮助孩子养成遵守规则的好习惯。当然，做到这一点并不容易，爸爸要身先示范，坚持以实际行动为孩子树立榜样。在很多孩子的心目中，爸爸的形象都是非常高大的，那么爸爸正好可以发挥自己的影响力，给予孩子更强大的推动力，让孩子在遵守规则方面有更好的表现。

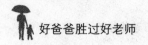

教导孩子勤俭节约

　　萌萌快要过生日了，妈妈买了一条名牌裙子准备送给萌萌，毕竟萌萌已经读初一，是个亭亭玉立的大姑娘了。萌萌早就喜欢这条裙子了，但是因为价格不菲，所以妈妈一直没舍得给她买。借着萌萌过生日的机会，妈妈为萌萌买下了人生中第一条名牌裙子。

　　生日那天，萌萌穿着这条名牌的裙子，看起来就像一个真正的公主，美丽、可爱又窈窕。和同学们聚餐之后，萌萌就出去玩了。没想到，下午出去玩的时候，萌萌走路一不小心摔了一跤，裙子上面磕出了一个窟窿。萌萌满脸沮丧地回到家里，妈妈不知道发生了什么事情，担心地问萌萌，萌萌说："我把新买的裙子磕破了！"

　　看到新买的裙子被磕破了，妈妈也很心疼。她拿着裙子看来看去，研究了半天，却一筹莫展。这个时候，爸爸下班回到家里，看到被萌萌磕破的裙子，爸爸灵机一动，对萌萌说："我们可以买一个布艺贴缝在裙子上，这样就看不到破洞了。"萌萌对爸爸的话并不赞同，她不屑地对爸爸说："在这么昂贵的裙子上面贴一个布贴，那也太丑了吧。我还是不穿了，你把这条裙子送人吧。"听到萌萌的话，爸爸感到很惊讶，他说："萌萌，你可知道这条裙子是多少钱买的吗？虽然我和妈妈的工资都不低，但要负担家里的很多开销，每个月结余的钱很少。你怎么因为裙子摔破了，就想把裙子扔掉呢？"

不管爸爸怎么说，萌萌就是不愿意再穿这条裙子。爸爸反复劝说萌萌要勤俭节约，萌萌却对爸爸说："上次，你的白衬衫不小心被烟头烫了一个窟窿，你不也扔掉了吗？你为什么不贴一个布贴穿着呢？"爸爸被萌萌问得哑口无言，这才知道自己无意间的一个举动给孩子造成了负面影响。爸爸自我检讨说："爸爸做的的确不对。那件衬衫虽然价格不贵，但想办法缝补一下，还能继续穿，毕竟每一分钱都来之不易，都是爸爸妈妈辛苦赚来的。如果我们不节约这些小钱，那么当小钱汇聚成大钱的时候，我们就失去了一大笔财富。"

孩子的一些思想都可以在父母那里找到根源，孩子的一些举动也都可以在父母身上找到原型。萌萌之所以不愿意穿这条破了洞的裙子，就是因为她清楚记得爸爸扔掉了破洞的衬衫。如果想培养孩子节俭的品质，那么爸爸妈妈首先要成为孩子的好榜样，做出切实的举动，对孩子产生积极的影响，让孩子知道勤俭节约是美德。

如今，大多数孩子从小就过着衣食无忧的生活，他们并不觉得勤俭节约是美德，反而觉得勤俭节约是很丢人的。例如很多上初中、高中的孩子过生日会请同学吃饭，剩下的饭菜会毫不犹豫地扔掉。如果孩子从小就养成了大手大脚花钱的坏习惯，那么长大之后，即使有金山银山，也禁不住他们挥霍和浪费。

很多爸爸都觉得现在的生活条件越来越好，家里并不缺吃少喝，所以孩子们不需要再勤俭节约了。也有一些爸爸会努力挣更多的钱，给孩子提

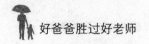

供更加优越的生活条件，其实这样的想法和做法是错误的。古人云，静以修身，俭以养德。就是告诉我们，勤俭节约是非常重要的。不管时代如何发展，都应该发扬艰苦奋斗的美德，这样在遇到艰难险阻的时候，才能够以顽强的意志力去适应外部世界。反之，如果父母对孩子非常骄纵，让孩子从小就养成了好吃懒做的坏习惯，那么孩子将来长大成人之后就很难坚持节俭。

世界上有很多知名的大公司，虽然已经形成了很大的规模，创造了巨大的利润，但是这些大公司从上到下都坚持节俭。例如坚持绿色低碳的办公方式，尽量减少对各种耗材的消耗。我国正处于发展阶段，还没有进入发达国家的行列，我们作为新时代的中国人，也依然要坚持艰苦朴素的优良作风。作为爸爸，一定要先端正观念，不要觉得勤俭节约是非常丢人的，更不要当着孩子的面与他人攀比，否则就会使孩子养成追求享受、爱慕虚荣等不良心态。

在对孩子提出勤俭节约的要求之前，爸爸首先要以身作则，给孩子做好榜样。例如对于生活中的消耗品要节省着用，对于那些还可以继续用的东西，不要轻易丢掉。否则当爸爸随随便便就丢掉了还能用的东西，那么孩子也会毫不珍惜。

当然，消费的习惯一旦养成，是很难改变的。父母在开始给孩子零花钱时，一定要坚持适度的原则。如果给孩子太多的零花钱，让孩子觉得金钱来得很容易，孩子花钱就会大手大脚，也会挥霍浪费。父母要知道，给孩子零花钱并不是为了让孩子随便消费，而是为了对孩子进行财商的启蒙和教育。毕竟对孩子而言，财商是和智商、情商同样重要的。

所谓节俭并不是坚决不给孩子零花钱，而是孩子在长到一定岁数的时候，就应该开始接触金钱，也要学会支配金钱。给孩子零花钱，就是给孩子机会合理地支配金钱，对钱有正确的观念。所以，给孩子零花钱与培养孩子勤俭节约的品质并不冲突。那么，如果孩子觉得零花钱太少，父母还可以让孩子通过做家务等方式赚取一些零花钱，让孩子知道赚钱的辛苦，这样孩子才会更加节约。

为了有效地改善孩子的金钱观念和消费习惯，父母可以带着孩子工作一天，让孩子亲眼见识父母的工作有多么辛苦，劳动的强度有多么大，这样孩子才能够切身体会到父母的劳累，从而在消费的时候进行权衡和取舍，合理地分配金钱。

总而言之，勤俭节约是中华民族的传统美德。在一个家庭中，不管经济条件是富裕还是贫穷，都应该坚持勤俭节约。对于该花的钱要慷慨大方地花出去，对于不该花的钱，则要非常节省。尤其对于生活中的那些消耗品，例如粮食、蔬菜、水果等，更要非常珍惜。毕竟这些东西都是人们辛辛苦苦地种植出来，又通过运输才能够到达我们手中的。对于生活的必需品，如果我们已经得到了满足，不需要得到更多，那么就可以把这些东西分给其他人，这才是更为合理的安排。

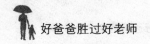

给孩子善良与爱的接力棒

　　思思是一个非常可爱的女孩，性格非常温和。在家里，她是爸爸妈妈的掌上明珠，从来没有吃过任何苦，也很少与人产生争执。家里所有好吃的、好玩的，爸爸妈妈全都给思思，思思独占了家里所有的资源。然而，在进入幼儿园之后，爸爸妈妈发现思思非常不适应幼儿园的生活。上幼儿园第一天放学时，思思就哭着走出教室，妈妈看到思思哭得梨花带雨，心疼地询问原因，才知道思思被一个同学打了。

　　回到家里，妈妈把思思在幼儿园发生的事情告诉了爸爸，爸爸心疼地对思思说："思思，如果有人打你，你就打他。如果打不过他，那你就狠狠地咬他。没关系，反正你不能吃亏！"听了爸爸的话，思思似懂非懂。在爸爸几次三番的教唆之下，思思从一个温柔善良的小女孩变成了一个非常强势的女孩子。上学第二周的时候，老师打电话给思思妈妈，说："今天，思思在学校里咬了一个小朋友，咬出了深深的牙印。幸亏那个小朋友的爸爸妈妈还算好说话，不然的话，可就麻烦了。"

　　听说思思真的咬人了，妈妈感到非常惊讶。回到家里之后，她向思思询问了情况，思思把话说得一板一眼，跟老师说的一模一样。此后，思思又因为咬人被老师请家长。看到思思频繁咬人，妈妈忍不住抱怨爸爸，说："都是你教会思思咬人，现在可好了，不是别人打她了，她却总是咬人，这可怎么办呢？"看到乖巧可爱的女儿变得暴力，爸爸也有一些懊悔，他对思思说："思思，你不要动不动就咬人。如果别人是故意打你的，你再反击，好不好？"但思思分不清楚别人是故意的，还是无意的，所以她咬人的行为还是经常发生。无奈之下，爸爸妈妈只得采取强制措施惩罚思思，让思思不再咬人，但却收效甚微。

现代社会，大多数家庭里都只有一个孩子，孩子就成了父母的心尖子。当孩子进入幼儿园开始学习生活的时候，爸爸妈妈总是提心吊胆，生怕孩子吃亏或者被欺负。听到孩子被别人欺负的时候，爸爸往往会让孩子以暴制暴。殊不知，孩子很小，他（她）还没有判断能力，分不清别人是故意欺负自己，还是无意欺负自己，更不能够把握还击的度。如果爸爸教孩子以暴制暴，那么孩子很有可能因此而闯祸。

也有一些父母会告诉孩子社会上人心险恶、尔虞我诈。其实父母的本意是想让孩子学会保护自己，不要受骗上当。但是，这样的教育很难把握好尺度。如果父母对孩子的引导偏离了正确的轨道，那么孩子的心中就会渐渐地被邪恶侵占。父母爱孩子之心切，认为孩子不吃亏，才算是保护自己。所谓人善被人欺，马善被人骑，让父母不敢对孩子进行善良教育。近几年来，网络上也曝光了一些孩子因为善良而遭遇危险的新闻，这更是让父母心有余悸。

不知道从何时起，社会上再也不流行善良了。以前，人们会用善良形容一个人内心宽和，而现在人们却觉得善良的人都很容易吃亏上当。在追逐利益的过程中，道德的原则渐渐被利益原则取代；人们信奉没有永远的敌人，只有永远的利益，也信奉没有永远的朋友，只有永远的利益。但即便如此，善良也应该是人性的根本。一个人只有内心善良才会拥有幸福，只有内心宽和才能愉快地与人相处。怀着一颗善良的心拥抱生活，善待他人，那么自己也会感到非常满足。

当然，所谓的善良并不是糊涂，也不是不能明辨是非。善良的人也要有原则，这样才能够把善良用到正确的地方。善良者在对他人表现出热情和好意之前，首先要保护好自己。

如果说善良也属于道德品质的一种，那么这个世界上最需要的就是善良。善良的人让这个世界充满了爱，他们把爱作为能量传递到世界上的各个地方，让爱在人与人之间流转。作为爸爸，如果能够心怀善念，教会孩子吃亏是福，宽容地对待身边的人，那么孩子就会受到爸爸的影响，不会睚眦必报。具体来说，爸爸要做到以下几点：

首先，爸爸要怀有善心。一个人的善心是非常难得的。善心会让人对这个世界充满了善意，邪恶的人则对世界充满了揣测之心，他们觉得世界上充满了算计，因而在看待别人的时候，总觉得别人的心里有着恶念。实际上，虽然我们会因为善良而付出很多，但爱心却会使我们拥有一生的福报。所谓付出总比索取好，与其向别人索取，还不如主动付出。与其怀着恶意揣测别人，还不如怀着好意看待别人。唯有如此，我们才能向世界传递善与爱的接力棒。

其次，除了要有一颗善心之外，爸爸还要坚持做善举。很多人都觉得做慈善是那些世界级大富豪的专利，作为普通人是与慈善无缘的。实际上，这是对慈善事业的狭隘理解。所谓慈善，并不一定是拿出多少钱去帮助多少人，或者做多么伟大的事业，也许举手之劳，就是很大的善举。

有一个故事，讲一个小男孩儿在海边捡起一条小鱼送到大海里。一个人看到小男孩的举动，问小男孩："你这么做有什么意义呢？根本救不了几条小鱼！没有人会在乎的。"小男孩却对这个人说："小鱼在乎！"

的确，小小的善举对这个世界而言并不会产生很大的影响，但是对于小鱼而言，却能够拯救小鱼的生命。善良就像阳光，能够照亮世界上每一个阴暗的角落。当爸爸是一个善良的人，孩子的心中就会充满阳光；当爸爸是一个狭隘阴暗的人，孩子的心中就会被乌云遮蔽。爸爸所做的每一个小小的善举，都会在孩子的心中种下种子，终有一天，这些种子会生根发芽，长成参天大树。

西方有一句谚语叫"赠人玫瑰，手有余香"。在培养孩子有一颗善心，教孩子做出善举的时候，爸爸不要觉得这会让孩子吃亏。实际上，孩子在做出善良的举动时，尽管不能当即就得到回报，却能得到内心的满足和平静。

也不要因为某一些充满善意的举动不值一提，就不愿意做这些善事。所谓不积小流无以成江海，当我们坚持做这些小小的善举，日久天长，这些善举汇聚起来，就能够凝聚成大爱。当孩子坚持向世界传递善与爱，他们就能够在自己的心田里播种下无数个希望。这样的希望照亮了孩子的内心，也让孩子成为了真正善良宽和的人，拥有更加美好的未来。

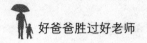

真男人敢于承担责任

　　电影《背着爸爸上学》中，讲述了一个根据真实事件改编的故事。作为山区农村的孩子，石娃很小就失去了妈妈，和爸爸相依为命。家里生活非常贫困，当家里只能供养一个孩子上学的时候，爸爸用一把铜勺决定了石娃和姐姐的命运。铜勺指示石娃可以继续上学，姐姐则伤心地离开了学校，小小年纪就结了婚。用姐姐结婚的彩礼，石娃才能支付学费。

　　石娃非常聪明，也很刻苦，得到了老师的欣赏。姐姐的彩礼钱花光之后，老师就主动为石娃支付了学费。看到老师对自己这么好、爸爸那么辛苦，石娃下定决心，努力学习。然而，就在命运即将出现转机的时候，灾难却同时到来了。石娃通过努力考取了省城的师范学院，但这个时候，爸爸却因中风而瘫痪在床。这可怎么办呢？石娃既不能把爸爸独自留在家里，也不能放弃去师范学校读书的机会。最终，他做出了一个让所有人都震惊的选择——背着爸爸去省城读师范。接下来发生的故事让所有看电影的人都潸然泪下，因为在这个孩子的身上，人们看到了作为一个男人的担当，也看到了他的责任心和坚强。

　　对一个人而言，最重要的是什么呢？除了要诚实守信、真诚友善，还要有责任心。每个人生活在这个社会上都肩负着自己的责任，如果人人都把自己的责任撇清，不愿意承担责任，那么就会导致社会上出现很多逃兵，很多事情都会失控。举个例子，孩子如果没有责任心，就不会认真完成作业，课堂上也不会专心致志地听讲；一个职场人士没有责任心，就会做出损人利己的事情；一个财务人员没有责任心，就会把公款私用；一个丈夫没有责任心，就会做出背叛家庭和妻子的事情，导致家庭支离破碎。总而言之，生活中的很多事情都需要责任心才能够做好，如果没有责任心，我们生活的环境和整个社会都有可能发生巨大的改变。

要想培养孩子的责任心，首先爸爸要有责任心。所谓责任心，其实就是对于某一件事情的态度，决定了我们对这件事情能否坚持，以及最终将会取得怎样的结果。一个人在事业上能有多大的成就，很大程度上取决于他（她）的态度，孩子的未来则取决于爸爸有多大的责任心。有责任心的爸爸会为孩子提供更好的成长条件，会对孩子进行更用心的教育；没有责任心的爸爸则只顾着自己纵情狂欢，而根本不愿意思考孩子的将来会如何，更不愿意牺牲自己眼下的快乐，去为孩子的未来铺就道路。

爸爸要有责任心，不但是为了给孩子做好榜样，也是为了对孩子的未来负责。美国西点军校成立这么多年，培养出很多著名的将领和政界的高官。还有很多从西点军校出来的人在商场上叱咤风云，做出了伟大的成就。西点军校之所以培养出这么多出色的人才，就是因为西点军校的军规之一，就是绝不推卸责任。所谓不推卸责任，是指在问题发生的时候不抱怨别人，而是积极想办法解决问题。现实生活中，偏偏有很多人最喜欢做的事情就是抱怨。他们不管遇到什么问题，都怨声载道；不管遇到什么难题，都企图逃避。这样的人，不管是在顺境还是逆境中，都不会有很好的成长和发展。

所谓责任，就是一个人应该做的分内之事。那么，责任心就是一个人最基本的素质。古往今来，很多成功者的经验都告诉我们，只有那些拥有责任心的人才会认真严肃地对待自己该做的事情，才会拼尽全力完成自己想要完成的任务。作为爸爸，有责任心，就会对孩子充满爱，即使在教育孩子的过程中遇到一些困难，他们也不会轻易放弃。同样地，爸爸这样的行为举止又会给予孩子积极的影响力，让孩子也产生责任心。

爸爸的责任心不仅体现在对孩子和家庭方面，也体现在对待工作、社会和国家方面。很多人都说要有社会责任感，指的就是一个人要承担起对社会的责任。每个人都是社会的一个小小单位，如果只把自己看成孤立的个体，认为自己与整个社会毫无关系，那么就会活在自己的世界里，失去对社会的责任心。所以我们要想成为一个有责任心的人，除了要心怀自己，还要心怀世界。

要想培养孩子的责任心，爸爸还要告诉孩子走好自己的路。每个人的人生道路最终都只能由自己走完，而不能够靠着别人走完。有责任心的孩子，在遇到困难的时候，能够咬紧牙关坚持下去；没有责任心的孩子遇到困难就会畏缩退却，停滞不前。

在看到孩子缺乏责任心的时候，爸爸切勿纵容孩子，更不要包庇孩子。虽然平日里爸爸要宽容地对待孩子，但在原则性问题上，爸爸一定要肩负起教育孩子的重任，做到及时提醒。如果看到孩子面对责任只想逃避，表现得非常怯懦，爸爸就要告诉孩子道理，让孩子明确他（她）的责任和义务。一个没有责任心的人开车在路上撞了人，他可能不会马上施救，而是有可能采取二次伤害的方式，把这个人彻底撞死，从而逃避责任，也有可能会驾车逃逸。这都是缺乏责任心引起的恶劣后果，由此可见责任心的重要性。

　　爸爸帮助孩子从小培养责任心，可以从生活中点点滴滴的小事情做起。例如，在家庭生活中，让孩子做一些力所能及的家务事；在学校里，也让孩子积极地帮助老师完成一些事情；当同学遇到难题的时候，让孩子热情地施以援手；当有集体活动的时候，要让孩子主动参与，为集体争得荣誉。这些行为都是有责任心的表现，只有做好这些小事情，孩子的责任心才能够越来越强，将来毕业之后独立生活才会有担当。

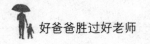

勇于进取，逆势而上

这次期中考试，冉冉的成绩并不好，和之前的月考相比有了很大的退步。考试成绩出来，冉冉非常沮丧，回到家之后，愁眉苦脸地把自己锁在房间里，既不愿意走出房间的门，也不想吃饭。看到冉冉这样的表现，爸爸原本想批评冉冉的，但转念一想，也许此时此刻的冉冉最需要的是鼓励吧！

爸爸问冉冉："你知道这次考试的成绩为何出现下滑吗？"冉冉摇摇头说："我已经非常努力了，我也不知道为什么会这样。"爸爸对冉冉说："其实正常的，因为每个人的成绩都会有波动，不可能始终保持稳定不动。成绩好坏与很多因素都密切相关，例如你这段时间的学习状态、心情、感受等。如果你不能在这些方面有很好的表现，那么在以后的成长过程中遇到更多的困难，你就会更加手足无措。只有学会应对这些波动，才能够战胜困难。"

冉冉对爸爸说的话似懂非懂，她说："我还以为你会狠狠地批评我呢！"爸爸笑起来说："爸爸是做销售的，每个月的薪水也是不同的。有的时候薪水很高，有的时候薪水很低，如果没有业绩，薪水甚至是零。在这样的情况下，我除了努力还能做什么呢？如果自暴自弃、自怨自怜，只会导致下个月的情况更加糟糕。你的成绩就和爸爸的销售业绩是一样的，我们要尽人力，知天命，努力争取做到最好，然后得到应得的回报，这样才能有更好的表现。"

在爸爸的一番劝说之下，冉冉终于解开了心结。她对爸爸说："接下来，我一定要取长补短，认真复习，争取在期末考试中考取好成绩。"爸爸以非常赞赏的态度对冉冉说："这才是正确的态度，爸爸相信你一定能够做到！"

在孩子遭遇挫折的时候，如果爸爸给予孩子更严厉的批评或训斥，只会让孩子更加沮丧。对孩子来说，只有拥有进取精神，未来才会获得幸福和满足。当然，在家庭教育中，爸爸首先要拥有进取精神，才能培养出积极上进的孩子。如果爸爸本身就是一个非常消极沮丧的人，在遇到难题的时候只会逃避，那么就无法培养出积极上进的孩子。

古人云，天行健，君子以自强不息。中国人历来推崇自立自强，因为每个人真正可以依靠的只有自己，一个国家和民族真正依靠的也只有自己。当孩子自立自强的时候，他面对难题就能迎难而上，面对困境就会发奋图强，有所作为。爸爸一定要培养孩子勇敢进取的精神，让孩子拥有永恒的进取之心。

也许是因为当下的生活条件太过优渥，物质过于丰富，所以很多孩子都不喜欢吃苦受累，只喜欢享乐，呈现出不思进取的状态。也有一些孩子因为习惯于依赖父母得到很多想要的东西，所以他们并不觉得生活艰难，也就渐渐麻痹了。常言道，穷人的孩子早当家。和有钱人家的孩子相比，穷人的孩子因为从小就要为自己打算各种各样的事情，想方设法才能让自己获得各种想要的东西，所以穷人的孩子思虑更重，想得更加周全。当父母不能够依靠的时候，他们就要非常努力地让自己成为父母的依靠。古人云，生于忧患，死于安乐。人在非常安逸舒适的环境中很容易精神麻痹，而在充满忧患的环境中，反而能够激发斗志，让自己表现得更加强大。这是因为安逸的环境会瓦解人的斗志，而忧患的环境却能够激发人的潜能。

人人都知道，生命有不可承受之重，其实生命也同样有不可承受之轻。对于孩子而言，太过轻松优越的生活就是生命不可承受之轻，如果他们的人生从来不曾负重，又怎么可能会有强大的承受力呢？自古英雄多磨难，所以在必要的时候，父母也要让孩子经历一些挫折和磨难。作为爸爸，更应该提升孩子的抗挫折能力。如今，很多孩子承受挫折的能力都非常差，稍有不如意，他们就会做出各种极端的举动。2019 年，在上海卢浦大桥上，一个 17 岁的高中生因为和妈妈发生口角，选择了跳桥轻生。前段时间，一个大二的学生因为考试作弊被学校通报批评，选择了跳楼自杀。这些事件的发生让每一个父母都扼腕叹息，作为爸爸，在教育孩子的过程中要防范于未然。每个人都应该承担起自己的责任，也要敢于承担自己做错事情的后果。越是在逆境之中，越应该有一颗上进和进取之心，这样孩子才能变得更加坚强。

不管这个逆境是外界存在的，还是我们自己导致产生的，都应该勇敢地面对。对于客观存在的一切，我们不能够改变，就只能接受；对我们自己导致的一切，我们更应该承担起相应的责任。要想培养孩子的进取心，爸爸就要有不惧失败的精神，面对失败的时候要当着孩子的面踩着失败的阶梯不断向上，这样才能为孩子树立好榜样。

除了要勇敢地面对失败，爸爸也要具备挑战精神，这样才能够给孩子做好榜样。很多时候，成功与失败只有一步之遥，敢于跨出这一步的人都获得了成功；那些不敢跨出这一步的人，就只能与失败纠缠。爸爸要激励孩子勇敢地迈出通往成功的这一步，这样孩子才能够变得越来越勇敢。

在家庭生活中，爸爸对孩子的言传身教，也体现在爸爸具有进取精神上。很多爸爸本身就过着优渥的生活，没有进取心，那么孩子往往也会安于现状。反之，如果爸爸出身于贫困的家庭，靠着自己的努力才打拼到现在，拥有现在的一切，并且还始终保持着进取的精神，无形之中也会影响孩子，使孩子变得非常积极上进。

在很多家庭里，爸爸和妈妈宁愿放下自己的工作，也要看着孩子学习，对孩子寄予很高的期望，希望孩子将来能够在学习上出类拔萃，出人头地，却不知道孩子的学习结果并不是由爸爸妈妈决定的。爸爸妈妈与其一味地督促孩子学习，还不如自己坚持进取，给孩子树立榜样。这样一来，反而能够让孩子更愿意积极进取。所谓有其父必有其子，爸爸对孩子的影响不仅表现在那些负面的方面，也表现在那些积极的方面。当爸爸积极上进的时候，孩子一定会勤勉向上。

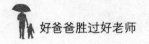

教导孩子懂得感恩

周末，妈妈买了明明最爱吃的榴莲，明明每次都能吃很多，只是因为妈妈怕明明上火，所以不让明明吃太多。每当买了大榴莲，妈妈除了让明明吃一些新鲜的之外，还会把榴莲肉取出来，放在冰箱里冷冻起来，让明明随吃随取。

这个周末，爷爷奶奶正好也在明明的家里，他们也很喜欢吃榴莲，妈妈说："这个榴莲很大，我们就把它吃掉吧，不用放在冰箱里了！"明明听到之后突然哭起来，说："不是要把剩下的榴莲放在冰箱里给我吃吗？"妈妈对明明说；"今天爷爷奶奶都在，咱们可以一次性把它吃完，再吃的话就去买新鲜的，不是更好吗？"明明当即喊起来，说："不要不要，我就要吃掉整个榴莲！你们不能吃！"听到明明的话，妈妈觉得很尴尬。爷爷奶奶赶紧说："榴莲那么贵，留着给孩子吃吧，我们不吃，家里不是有西瓜吗？我们吃点西瓜就行了。"听了爷爷奶奶的话，在一旁的爸爸正色道："爸妈，孩子这样做是错误的。我一定要教育他，你们不要阻拦我。小小年纪就不知道感恩，将来还得了吗？"

跟爷爷奶奶说完，爸爸一本正经地对明明说："明明，你从小就是爷爷爷奶奶带大的。爷爷奶奶不管有什么好吃的，都会给你吃。现在，爷爷奶奶老了，妈妈买了榴莲，难道你不愿意跟爷爷奶奶一起分享吗？"听了爸爸的话，明明陷入了沉思。过了良久，他说："但是，爸爸，我真的很喜欢吃榴莲。"爸爸说："这个榴莲这么大、这么甜，爷爷奶奶也一定很喜欢吃。我觉得如果你是一个孝顺的小朋友，哪怕自己不吃，也要给爷爷奶奶吃。当然，这个榴莲很大，肉很多，所以我们每个人都可以吃到，难道你不愿意分享吗？"听了爸爸的话，明明还是默不作声。爸爸又说："每个人都要拥有感恩之心，对于生养自己的父母，对于将自己带大的爷爷奶奶，都要慷慨付出。别说这个榴莲是妈妈买来的，即使是你自己买来的，你也应该乐于分享，主动送给爷爷奶奶吃，这才是有感恩之心的好孩子。"

在爸爸的一番教育之下，明明终于想明白了其中的道理。他看到妈妈把榴莲的肉扒出来了，赶紧端了一盘给爷爷奶奶，说："爷爷奶奶，你们吃榴莲，你们辛苦了！"看到明明这么懂事乖巧，爷爷奶奶都欣慰地笑了起来。

如今，在很多家庭里，父母和长辈都喜欢把孩子当成家庭的中心，不管有什么好吃的、好喝的、好玩的，都会让给孩子。对比之下，其他家庭成员无形中变得不那么重要。在这样的情况下，孩子会形成自私的性格，不知道感恩，觉得不管是父母还是长辈，对自己的一切付出都是应该的。渐渐地，孩子就会越来越自私自利，这是非常不好的行为。

孩子一定要有感恩之心，这样长大之后才能够真心地感谢父母的生养之恩，感谢身边的每一个人，对整个世界都心怀感恩。怀有感恩之心的孩子才会生活得更加快乐和幸福。在现实生活中，值得我们感谢的人和事情很多，正是因为有了这些人和事的存在，我们才能够感受到快乐和幸福。很多孩子都会觉得不知足，尤其是当要求不能得到满足时，更会怨声连连。在这样的过程中，他们自己也会感到悲哀。实际上，对孩子而言，只有学会感恩，才会更加幸福。

很多父母都会抱怨孩子不懂事，觉得孩子不知道感恩。实际上，在教育孩子的过程中，要从细节方面去引导孩子。例如当孩子非常喜欢吃某些食物的时候，父母就会把这些食物都给孩子吃。实际上，对于这些美味的食物，爸爸妈妈也很喜欢吃，爷爷奶奶也愿意尝一尝，那么就不要让孩子吃独食。在有了美味的食物之后，爸爸妈妈要和孩子一起吃。对孩子而言，他们已经习惯了吃独食，虽然刚开始分享的时候会有一定的难度，但只要孩子形成感恩之心，习惯了分享之后，他们就会很愿意和大家一起品味美食，感受快乐。在分享的过程中，他们渐渐也会形成感恩之心。

想要培养孩子的感恩之心，就要让孩子先学会感谢父母。如果孩子对辛苦抚养他们长大的父母都不知道感恩，又怎么可能感恩其他人呢？让孩子拥有感恩之心，引导孩子感谢父母，孩子渐渐就会感谢身边的人，例如老师、同学等。哪怕是对无意间遇到的陌生人和生活中其他美好的事物，孩子也会充满感恩，孩子也会更加珍惜。

除了要培养孩子拥有感恩之心，还要培养孩子将感恩的心化为行动。例如孩子可以做一些家务活，在爸爸妈妈下班回家的时候，给爸爸妈妈拿拖鞋，倒一杯热水，或者给爸爸妈妈捶背，这些事情都能给爸爸妈妈很大的安慰。作为爸爸，一定要知道，任何爱都不是单向的，而是需要互相付出的。爸爸妈妈尽管可以做到无所求地爱孩子，但却不要让孩子养成骄纵任性只知道索取的坏习惯。在生活的点滴之中，一定要让孩子养成乐于分享的好习惯，让孩子学会感恩，这样孩子才会感到幸福和知足，成长得更加快乐。

第五章

父爱赋能，好爸爸的爱是孩子成长的力量源泉

现代社会中，很多孩子的内心都非常脆弱，承受挫折的能力也很差。孩子们为什么遇到很小的坎坷和挫折就无法承受呢？实际上，这是因为他们的心理承受能力太差，缺少一定的挫折教育。

作为爸爸，要成为孩子的力量源泉，让父爱为孩子赋能，让孩子拥有一颗坚强的心，面对人生中的各种坎坷和挫折。这对孩子而言是至关重要的。

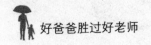

和孩子一起面对挫折

佳佳是独生女，从小就在爸爸妈妈无微不至的照顾和关怀中成长，想要什么都马上能够得到。渐渐地，佳佳变得骄纵任性，不论考虑什么问题，她都是从自身的角度出发，忽略他人的情感和心理需求。

在小学低年级阶段，佳佳在学习方面的表现还是非常好的。等到了小学中、高年级，佳佳在学习上就略显吃力。进入四年级之后，佳佳在第一次期中考试时，成绩就出现了很大的下滑，她感到非常沮丧。她拿着试卷回到家里，哭着对爸爸说："爸爸，我是不是不适合学习呀？我是不是很笨呢？为什么别的同学考试都考得很好，只有我考得这么糟糕呢！"

看到佳佳灰心丧气的样子，爸爸很心疼，赶紧安抚佳佳说："佳佳，每个同学在学习方面的天赋和能力都是不同的，爸爸只希望你能够尽力学习，并不要求你一定要考取多么好的成绩。这次考不好没关系，正好暴露了你的很多问题，爸爸会和你一起去弥补，这样在下次考试的时候，你就不会再犯同样的错误了。"

佳佳对爸爸说："下次考试的时候，虽然我不会再犯同样的错误，但我有可能还会犯其他的错误呀！"爸爸说："那也没关系，考试的目的正是为了让你们暴露不足，可以及时弥补啊！爸爸和妈妈都不会把成绩作为唯一的标准来衡量你学习是否努力，而要看你是否真正掌握了那些知识，这才是最重要的。"

在爸爸的鼓励下，佳佳振奋精神，取长补短，爸爸也想方设法帮助佳佳，给佳佳加油打气。就这样，佳佳在学习上的表现越来越好，成绩渐渐有了提升。在适应了中、高年级的学习之后，佳佳的成绩稳步上升，又提升到了班级前十名的位置。

很多孩子都在父母的疼爱和宠溺下长大，他们从没有经受过挫折和磨难，心理承受能力往往会比较差。他们不但对父母有很强的依赖性，而且在遇到挫折的时候也无法承受。近些年来，中小学生自杀的现象时有发生，这让父母感到非常心痛。看着这些蜜罐里长大的孩子，爸爸想让孩子具有更强的挫折承受能力，就要对孩子开展挫折教育，引导孩子坦然面对自己的缺点和不足。尤其是在遭遇失败的时候，要鼓励孩子以积极的心态去面对失败，从失败中汲取经验和教训，快乐地成长起来。

从心理学的角度来说，所谓挫折教育，就是根据孩子身心发展的需要，让孩子置身于一定的挫折情境之中，从而让孩子开动脑筋，解决矛盾和难题。这样循序渐进，就能够提升孩子对环境的适应能力，让孩子的意志力变得更加坚强。

众所周知，人生不如意十之八九，没有谁的人生是一帆风顺的。每个人在成长的过程中都会遭遇困难和挫折，孩子也是如此，在小学阶段、中学阶段、大学阶段的漫长时光里，他们会接触到各类人和事。那么在家庭教育中，爸爸就要担负起对孩子进行挫折教育的重任，如果说妈妈会特别心疼孩子，不忍心孩子吃苦受累，那么爸爸就要学会对孩子放手，以理性的态度培养和提升孩子的挫折承受能力。当然，爸爸在对孩子进行挫折教育的时候，要根据孩子的年龄特点，结合孩子的脾气秉性，再以现实生活为基础，对孩子循循善诱。爸爸要对孩子有耐心，要知道孩子并不是生而坚强的，只有对孩子付出持之以恒的教育努力，孩子的挫折承受能力才会越来越强。

挫折教育既能够帮助孩子获得幸福，也能够让孩子拥有更强大的内心去承受痛苦。很多孩子因为父母拒绝购买一个玩具而郁郁寡欢一整天，也有一些孩子虽然不能购买新玩具，却可以把家里的旧玩具玩出新花样来。观察这两种类型的孩子，父母会发现，前者是消极心理占据主导，后者是积极乐观的心理占据主导。对于孩子漫长的一生来说，当然需要以积极乐观的精神作为支撑，才能从痛苦中看到光明，感到更多的快乐和满足。

在对孩子开展挫折教育的时候，爸爸要以身作则，以自己的坚强和乐观给孩子树立良好的榜样。很多时候，爸爸对生活的态度会影响孩子对生活的认知。如果爸爸在面对生活中各种难题的时候总是畏缩、胆怯，或者在面对人生中的各种选择时，总是斤斤计较、患得患失，那么孩子就会变得和爸爸一样。爸爸要想提升孩子承受挫折的能力，就要做到以下几点：

首先，爸爸要对孩子放手。对于孩子有能力做的事情，即使孩子做得不够好，爸爸也要给予孩子机会让他（她）放开手脚去做。这样孩子才能够得到锻炼，在生活中才能有更好的成长和表现。

其次，要抓住生活中进行挫折教育的机会，对孩子开展挫折教育。如果生活中进行挫折教育的机会比较少，那么爸爸也可以有意识地为孩子设置障碍，这样就可以有效地提升孩子的挫折承受能力。当然，在为孩子设计挫折和障碍的时候，爸爸要根据孩子的身心发展特点和现实情况进行合理的设计，而不要只顾着对孩子进行挫折教育，忽略了孩子的特点，导致孩子的内心受到伤害。

再次，在家庭生活中，所有的家人都会以孩子为中心，家人对孩子犹如众星捧月一般使孩子得到家人所有的关注和关爱，那么一旦走出家庭，孩子不能够得到他人的关注和关爱，就会感到非常沮丧和失落。为了避免出现这种情况，孩子做错事和犯错误时，爸爸可以在家庭教育中有意识地批评或者适当忽视孩子的一些优秀表现。这样能够帮助孩子提前适应不被当成焦点的生活，从而提升孩子的挫折承受能力。有些孩子在家庭生活中得到了无微不至的关爱，成为了家庭的焦点，一旦进入学校，遇到了很多同样优秀的同学，他们往往会感到非常失落，这也是挫折教育非常重要的一个方面。每个人都不可能是世界上最优秀的，也不可能得到所有人的关注，要让孩子学会接受比自己更优秀的人，做好自己该做的事，坦然面对生活，这同样是非常重要的。

最后，在孩子犯了错误或者遭遇挫折的时候，恰恰是进行挫折教育最好的时机，切勿给孩子泄劲，让孩子放弃。而是要在关键时刻积极鼓励孩子，这样孩子才能够勇敢地克服困难，在面对挫折的时候充满勇气。现实生活中，很多孩子一旦遭遇逆境，就会消极悲观，灰心丧气，甚至会采取逃避的方式来面对。

爸爸要知道，在孩子生命中，每一个打击都不是平白无故发生的，是有其存在的意义的。正所谓，逆境是最好的大学。孩子如果能够从逆境中毕业，获得成长，就一定能够经风历雨，看到彩虹；经受磨砺，变成锋利的宝剑。从现在开始，爸爸就应该让孩子迎着风雨而行，经受磨砺和磨难，傲然绽放。

给予孩子自信的力量

作为家喻户晓的人物，比尔·盖茨在短短 20 年时间里，就创造了让世界震惊的财富，成为了世界级首富。比尔·盖茨之所以能够取得这么大的成功，与爸爸妈妈对他的支持是分不开的。在创办了微软公司之后，他曾经专门写了一封信，感谢爸爸妈妈对他的支持。比尔·盖茨不论在哪些方面做得不好，爸爸妈妈都会鼓励他，说他并不比任何孩子差，让他相信自己就是最棒的。正是因为爸爸妈妈的鼓励，比尔·盖茨才有勇气从大学退学，创办属于自己的公司；正是因为从爸爸妈妈那里得到了源源不断的动力，比尔·盖茨才能树立信心，渐渐走向成功。

孩子并不是天生就拥有很强的自信心，而是在成长的过程中渐渐地形成自信。如果爸爸妈妈总是打击孩子，孩子就会越来越自卑。明智的爸爸妈妈会抓住各种机会，激发孩子的自信心，让孩子树立自信。这样孩子在面对不如意或者是失败的时候，才有动力积极地改正。例如比尔·盖茨的父母就是每一个父母的楷模。很多父母都羡慕比尔·盖茨的父母，因为他们有一个如此优秀的儿子，但实际上只有比尔·盖茨知道，在他做得不好的时候，爸爸妈妈是如何一如既往地支持他、信任他的，从而帮助他一步一步走上人生巅峰。

现实生活中，很多爸爸妈妈都会对孩子感到不满意，尤其是当孩子升入初中、高中后在学习上的表现不那么好的时候，更会批评指责，这使孩子感到非常沮丧。作为爸爸，要想成为孩子的力量源泉，就要帮助孩子树立自信心，尤其不要拿孩子比较，更不要给孩子贴上各种负面的标签。也许爸爸对于自己冲动之下说出的话并没有记在心上，但是对孩子来说，这些话就像是一根根钢针扎在他们的心上，使他们感到非常心痛和失望。

遗憾的是，在中国式的家庭教育中，父母拿孩子进行对比是经常发生的。有太多父母都喜欢把自己的孩子拿去和别人家的孩子作比较；也有太多的父母总是看到孩子的缺点，而忽略孩子的优势和长处。长此以往，孩子始终处于打压之下，无法做到积极地奋勇直追，反而会陷入自卑的状态，但父母却对此毫不知情。这也是近些年来一些孩子会做出极端的举动伤害自己，或者是放弃生命的原因。作为父母，一定要认识到孩子对家庭非常依赖，也要知道孩子把父母看得非常重要。这样父母才会知道自己应该如何对待孩子，尤其是爸爸，虽然平日里并不承担照顾孩子的主要责任，但在大多数家庭，孩子往往非常崇拜爸爸，把爸爸当作力量的源泉。在这种情况下，爸爸就更要积极地帮助孩子树立自信，让孩子在人生的各个阶段都敢于挑战困难，战胜挫折。

自信心是人生的风帆。在现实生活中，那些拥有自信心的人往往能够抓住各种各样的机遇，积极主动地迎接挑战，并且想出各种各样的办法来获得成功。而那些缺乏自信心的人，则常常会感到颓废、沮丧，即使遇到了好机会，他们也会因为缺乏自信而丧失机会，这使他们慢慢成为生活中的弱者，很难突破和超越自我。

爸爸一定要认识到，培养孩子的自信心比提升孩子的学习成绩更重要。因为学习只会影响孩子一时，而自信心却会对孩子的一生都造成影响。也可以说，每一个成功者的成功都各有各的原因和理由，但他们都有一个共同点，那就是都非常自信。他们的心理素质很强，内心特别强大，不管遇到怎样的坎坷和挫折，他们都能够满怀信心地去面对，全力以赴地做到更好。正因为如此，人们常说，笑到最后的人，才是笑得最好的人。这是因为所有笑到最后的人，都是充满信心的人，他们不到最后时刻绝不放弃，会不遗余力地去做到最好，所以才会有更加出色的表现。

　　爸爸要怎么做，才能给予孩子自信的力量呢？爸爸一定要做到以下几点。首先，爸爸要激发孩子的自信，不要让孩子陷入自卑的情绪中。具体来说，爸爸不要给孩子贴上负面的标签，这些标签会使孩子产生自暴自弃的想法；也不要拿孩子与其他孩子比较，尤其不要拿孩子的短处与其他孩子的长处进行比较，这对孩子而言是非常沉重的打击。这些做法都会使孩子陷入自卑之中，觉得自己一无是处，失去自信的支撑，孩子面对困难就更会畏缩胆怯，一蹶不振。

　　其次，爸爸要慷慨地表扬和鼓励孩子，要发掘孩子身上的闪光点，看到孩子的优势和长处。很多爸爸在孩子的表现不能让自己满意时，都会感到非常生气，甚至会怒气冲天地责骂或贬低孩子。每个孩子都会有缺点，也会有自己的优点和长处，作为爸爸，想要激发孩子的信心，就要多多看到孩子身上的与众不同之处，也要看到孩子身上的优势，这样才能够给予孩子更好的激励。在日常生活中，爸爸要养成和孩子积极沟通的好习惯。例如孩子在某些方面做得很好，那么爸爸就要及时表扬孩子"你很棒"，而且要说出孩子具体在哪些方面的表现非常突出。如果孩子在某些方面表现得不好，爸爸也不要着急，而是要告诉孩子怎么做才能更好，陪伴孩子去改善和提升。只要坚持这么做，孩子的表现自然会越来越好。

最后，要给予孩子积极的心理暗示。在现实生活中，很多爸爸和孩子沟通时都会带有浓重的消极意味。这些消极意味一则来自爸爸消极地处理和自己有关的问题，二则来自爸爸在对孩子不满意的时候，说出的一些让孩子灰心丧气的话。爸爸作为孩子力量的源泉，会对孩子的内心产生很大的影响，有些话，爸爸说的时候不以为然，但实际上却会对孩子产生很强烈的心理作用。所以，爸爸在和孩子说话的时候，要养成积极沟通的好习惯，给孩子正向的心理暗示。例如孩子一件事情做错了，不要责怪孩子笨手笨脚的，而是要告诉孩子，只要多多练习，就能做得越来越好。这么做会使孩子意识到，必须坚持练习才能有进步。当他们真正践行爸爸的话，在练习之后取得进步的时候，他们自然也就产生了自信。

爸爸每时每刻都要记住一点，那就是自己是孩子的老师，也是孩子的偶像，还是孩子的朋友，所以只有自己非常自信，才能够给孩子积极的影响。爸爸在现实生活中不管面对怎样的事情，都要表现得非常自信，让孩子也能够积极地面对生活中的难题。不管是男孩还是女孩，都需要自信的品质。爸爸作为孩子心目中的男子汉，更要有自信的表现，才能够让孩子有效仿的榜样。如果爸爸在遇到很多事情的时候，第一时间就想到放弃，在遇到艰难坎坷的时候，只会毫无意义地抱怨，那么孩子也会缺乏信心，一事无成。

培养孩子积极乐观的性格

周末，爸爸原本计划带乐乐去玩真人CS，但是天突然下起雨来，乐乐感到有些沮丧，说："哎呀，真倒霉，好不容易去玩一次真人CS，却下雨了！"听到乐乐的话，爸爸对乐乐说："最近一段时间天气这么热，下雨了正好可以变得凉快啊！而且现在下的是阵雨，很快就会结束的，很多人玩真人CS都没有感受过在雨地里行军呢。你想想，在真正的战场上，战士在遇到雨天的时候也依然要急行军，甚至要与敌军开战呢！幸好下雨了，还可以让我们的真人CS更接近真实的战场情况！"听到爸爸的分析，乐乐转忧为喜，说："爸爸，你说得可真对呀！看来，我们会有一场特别的体验！"爸爸笑了笑，对乐乐说："好吧，小小战士，不要再沮丧了。做好准备，我们随时出发！"

正如爸爸所说的，雨下了一会儿就停了。原本妈妈觉得下雨天气湿滑泥泞，想让乐乐改天再去玩真人CS，但乐乐对妈妈说："我要和爸爸去体验在雨地里急行军的感觉。如果我们在玩真人CS的时候还能下起雨来，那可就太好了！"听到乐乐的话，妈妈也笑起来，说："好吧，真正的小战士，希望你们今天能够凯旋归来。"就这样，爸爸和乐乐有了与众不同

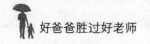

的一天，他们头顶烈日玩真人 CS，尽管在玩耍的过程中又下了两场小雨，但是他们却玩得非常开心。一天结束之后，乐乐非常兴奋，还写了一篇关于真人 CS 的游记！

同样的一件事情，从这个角度看也许是一件坏事，但只要换一个角度来看，也许就会变成好事。正因为如此，人们才说，心若改变，世界也随之改变。尤其是在看待很多糟糕的事情时，我们更要坚持辩证唯物主义的观点，一分为二地去看待，既看到事情不好的一面，也要看到事情积极的一面，这样才能保持良好的心态，始终积极向上。

很久以前，有个老奶奶每天都坐在门口，愁眉苦脸的，一点都不开心。邻居每次经过老奶奶家的门前，看到她的样子都非常纳闷。有一天，天气晴朗，万里无云，邻居实在忍不住问老奶奶："老奶奶，你为什么每天都不开心呢？"老奶奶对邻居说："我的大儿子是卖雨伞的，到了晴天的时候，他的雨伞就卖不出去。"邻居说："啊，那到雨天的时候你应该开心啊！那天下雨，我看到你也很难过，这又是为什么呢？"老奶奶说："我的小儿子是开染坊的，到了雨天，太阳不好，他们就没有办法把染好的布料放在太阳下暴晒，整个作坊就会停工，每天的损失可不小呢！"

邻居恍然大悟，对老奶奶说："老奶奶，你为什么不能换个角度想呢？你的大儿子是卖雨伞的，到了雨天，就可以卖掉很多雨伞，赚很多的钱。你的小儿子是开染坊的，到了晴天，你的小儿子就可以开门做生意，也能赚很多的钱。你们家可真是财源广进啊，不管是晴天还是雨天，都能够广聚钱财！这可真是太好了！"

听了邻居的一番分析，老奶奶开怀大笑，说："你说的可真有道理呢！你这么一说，我觉得我每天都应该开开心心。"从此之后，老奶奶每天都满面笑容地坐在门口，晴天的时候，她就坐在门口晒太阳；雨天的时候，她就坐在门口听雨声。

一切并没有改变，只是思维角度转换了，但是老奶奶的心境却变得截然不同。这是因为悲观的人只能看到失望和绝望，而乐观的人却能够在绝境之中看到希望。悲观和乐观都是人生态度，一个人如果持有乐观的生活态度，即使在生活中并不那么顺心如意，遭遇了很多挫折，也会把这些磨难都当成是对自己的一种历练，满怀希望地绝处逢生。而那些真正的悲观者，他们即使生活在顺遂的人生境遇中，也常常会因为心态消极而感到愁苦，尤其是在遇到坎坷磨难的时候，他们更是犹如深陷泥沼之中，非常疲惫和无奈。

从客观的角度来说，人与人的先天条件相差不多，那么，为什么人和人的命运却截然不同呢？这是因为人与人之间有着心态的差异，虽然心态的差异很小，但却决定了人们在很多方面的表现有很大的不同。

心态不同，带来的影响也不相同。尤其是对于孩子而言，能否健康快乐地成长，很大程度上取决于孩子的心智和心态如何。爸爸一定要注重培养孩子乐观的性格，使孩子在面对挑战的时候能够勇往直前，面对挫折的时候能够坚持不懈，遭遇逆境的时候能够从容以对。

当然，爸爸是孩子最好的老师，也是孩子的偶像和榜样。现实生活中，爸爸也难免会遇到一些不开心的事情，在这种时候，尤其是当着已经升入初中、高中的孩子的面，切勿表现出灰心沮丧的样子，要非常积极地面对，这样才能对孩子起到积极的影响。

此外，爸爸还要和孩子一起培养乐观的思维方式。很多以悲观思维方式看待的人，不管遇到什么问题都会觉得很糟糕。反之，拥有乐观思维的人在遇到问题的时候，都会朝着好的一面去想，让自己的内心充满希望，能够为了争取更好的结果而不懈努力。

爸爸不仅要怀有乐观的心态，培养孩子积极乐观的性格，还要能够做到乐观地面对孩子的成长。每个人都应该有自我认知的能力，作为爸爸，除了要正确地认知自我，还要正确地认知孩子。孩子是一个小小的生命体，他们在这个世界上还有漫长的道路要走。在此过程中，他们各方面的能力都在不断增强，爸爸要善于挖掘和激发孩子的潜能。小时候，孩子们对于父母非常信任和崇拜，往往会把父母的评价作为自我评价。在这样的情况下，爸爸切勿对孩子做出负面评价，应该多多肯定和表扬孩子，从而使孩子越来越自信。

和自信乐观相对的，是那些不良的负面心理。要想让孩子内心充满快乐，乐观且积极向上，爸爸就要帮助孩子改变负面心理。人的心就像是一个容器，如果在这个容器里装满了负面情绪，那么积极情绪就会无处安放。只有把心中的负面情绪清除出去，心才有地方去容纳积极情绪，孩子身上也是如此。孩子要有空间去容纳积极的情绪，为了帮助孩子实现这一点，爸爸就要帮助孩子了解不良情绪，也要教会孩子消除不良情绪。有些爸爸很不喜欢孩子哭泣，也不喜欢听孩子发牢骚，实际上不管是哭泣还是发牢骚，都是孩子发泄负面情绪的一种方式。孩子本身就容易情绪化，很容易产生各种复杂的情绪，不论他们是在小学阶段、中学阶段，还是大学阶段，爸爸都要理解孩子的身心发展特点，不要强求孩子永远都保持乐呵呵的样子。孩子是一个鲜活的生命体，他们当然会有喜怒哀乐等各种情绪，这些情绪的存在是非常合理的，所以爸爸一定要尊重和包容孩子的情绪，这样才能给孩子更自由的空间，陪伴孩子快乐成长。

爸爸要知道，和消极悲观的孩子相比，积极乐观、从容豁达的孩子更容易获得成功，他们的人生也会充满阳光。爸爸在培养孩子成长的过程中，先不要急于对孩子各方面提出要求，而是要先帮助孩子端正心态，保持良好的情绪，这样才能对孩子的成长起到真正的助力作用。

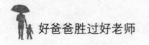

对孩子使用南风的力量

南风与北风互相不服气，都说自己是最有力量的，为此它们决定进行比赛，看看谁更有力量。北风说："你看，路上有一个行人，冷得把脖子都缩起来了。谁能让他脱掉大衣，就代表谁赢了这场比赛。"

南风笑着同意了。北风呼啸而起，寒冷刺骨，行人把头缩得更狠了，非但没有脱掉大衣，反而紧紧地裹着大衣。北风更加卖力地吹着，使尽浑身解数，却都不能达到目的。北风无可奈何，只好放弃。

轮到南风上场了。温暖的南风轻柔地吹拂行人的脸庞，给行人带来温暖。行人感到非常暖和，走着走着，身体也渐渐地燥热起来，脑门上已经有了细密的汗珠。行人情不自禁地解开纽扣，把大衣脱掉了，拿在手里。看到南风轻而易举地就实现了目的，北风自甘认输。有的时候，温暖的力量胜过严寒的力量，充满爱意的关怀胜过严肃无情的苛责。

《南风与北风》是拉封丹的一篇寓言故事。这则故事告诉我们，有的时候，温暖的力量胜于严寒的力量，柔软的力量胜于强硬的力量。在教育孩子的过程中，爸爸也可以有效地使用这种宽容的力量，让孩子从内心受到震动，从而心甘情愿地改正错误，改善言行。与很多爸爸都对孩子采取强权政策，反而激发起孩子的逆反心理不同，这种宽容的力量显然是更加强大的。

对于每个人而言，宽容是一种处世的哲学和智慧。一个人如果心胸狭隘，心眼比针尖还小，总会揪着他人的错误不放，各种抱怨和指责，这其实也是在让自己受惩罚。而一个真正宽容的人能够宽容他人的过错，有人说，宽容他人，就是宽容自己。实际上，当我们宽容他人的时候，我们得到了他人的感激和敬意，这其实是最好的回报。在宽容他人的过程中，我们其实并没有任何损失，反而会得到更多快乐，因为当我们决定宽容他人的时候，内心就会变得非常轻松，还能够赢得他人的友谊，这岂不是一举数得的好事情吗？

海纳百川，有容乃大。不管是对于爸爸而言，还是对于孩子而言，大度都是一种至高无上的修为。爸爸如果对孩子非常宽容，那么面对孩子成长中的各种不如意，面对孩子所犯的错误，甚至是面对孩子无法弥补的一些缺点或者是不足，爸爸都能够怀着平和的心态去接受。爸爸拥有宽容的心态，就不会因为孩子暂时落后而对孩子河东狮吼。当爸爸对孩子坚持宽容，那么孩子受到爸爸的影响，渐渐也会变得越来越宽容。一个心胸狭隘的孩子，如果别人伤害到他（她），可能就会睚眦必报，导致与他人之间的关系紧张而又恶劣，变成孤独的人。一个内心宽容的孩子在面对他人的错误时，能够做出更好的行为和举动，宽容了别人，也快乐了自己，所以能够赢得更多的友爱。这无疑无论是对他们现阶段的学习生活，还是以后的工作生活都是大有裨益的。

古往今来，有一些气量狭窄的人因为不够宽容，总是怒火冲天，最终失去了宝贵的生命。周瑜有雄才伟略，自视甚高，因为火烧赤壁而在历史上鼎鼎有名。但就是这样一位伟大的军事家，却因为心胸狭隘，被诸葛亮气得吐血而亡。在临死之前，他还感慨"既生瑜，何生亮！"如果周瑜有更宽广的胸怀，能够接受诸葛亮比他更加优秀；如果周瑜有更为开阔的胸襟，能够和诸葛亮和谐共处，说不定能成为改变历史格局的重要人物。

孩子如果在挑剔中成长，就会变得越来越苛责，求全责备；孩子如果在敌意中成长，就会学会尔虞我诈，喜欢斗争；孩子如果在讥笑和嘲讽中成长，就会内向胆怯、害羞胆小；孩子如果在羞辱中成长，就会心怀怨恨，非常自卑；孩子如果在宽容中成长，就能够主动忍让他人，对他人宽容大度；孩子如果在鼓励中成长，就能够变得越来越自信，成竹在胸。这是养育孩子的规律，爸爸在教导孩子的时候，一定要牢记这些规律，让孩子在宽容中成长，这样孩子才会拥有宽容之心。

看到这里，也许有一些爸爸会说，现实生活中，孩子们的心胸越来越狭隘，越来越以自我为中心，别说是忍让了，连最起码的宽容都做不到。那么，问题到底出在哪里呢？当孩子们出现这样的表现时，爸爸妈妈爸爸要知道一个根本的道理，那就是不宽容的孩子越来越多，是因为不宽容的家长越来越多。孩子是父母的镜子，当孩子身上出现问题的时候，根源一定在家长身上，所以与其抱怨孩子不够宽容，爸爸不如先反思自己！

在现实生活中，爸爸要教会孩子设身处地为他人着想，体谅他人的难处。也许是因为从小就成为家庭生活的重心，得到了家人无微不至的照顾，越来越多的孩子都形成了以自我为中心的思维，往往会忽略他人的需求和感受。当发现孩子在这方面表现欠佳的时候，爸爸要教会孩子体谅他人。所谓设身处地地为他人着想，意思就是说在与他人相处的过程中，可以换位思考，假设自己正面对他人所面对的各种情况，而想象自己会做出怎样的举动。这样做的好处是，当孩子抱怨他人的做法不合适的时候，如果能够让孩子设身处地地为他人着想，他（她）也许会觉得自己也许会做得还不如他人好！如此一来，孩子对他人的一些做法就会更加理解，更加宽容。

设身处地地为他人着想，理解他人，首先要有宽阔的胸襟。当孩子升入初中、高中后，爸爸要告诉孩子，在这个世界上，很多事情的发展都不会完全如我们所愿，很多人也不会是我们喜欢的。所以不管遇到不顺利的事情，还是遇到不喜欢的人，都不要急于指责他人，而是要多想想自己身上的缺点和不足，这样才能够顺利地解决问题。

宽容地对待他人，还能够让孩子拥有更宽阔的人生道路。人生的路应该越走越宽，前提是要结交更多的朋友。所谓多个朋友多条路，多个敌人多堵墙，孩子怀着宽容之心对待他人，少一些尖酸刻薄，那么就能够赢得他人的好感，使自己拥有更多的朋友。

生活中，当对他人心怀宽容的时候，也许会被说成非常傻，心甘情愿地吃亏，实际上，这样的傻恰恰是一种大智若愚的表现，是一种大智慧。如果现实生活中每个人都以牙还牙地报复他人，那么虽然能够满足一时之快，最终却会为此而埋下仇恨的种子，不知道何时就会爆发，最终导致双方两败俱伤。

爸爸需要注意的是，虽然要让孩子拥有宽容之心，能够容忍他人，但要认识到宽容是要有限度的。如果孩子无限度地宽容他人，就会表现得非常懦弱。

所谓宽容，并不是一味地委曲求全，而是能够以宽阔的胸襟来包容很多人和事。当宽容超过了一定的限度，变成了委曲求全，那么就会对他人产生纵容的作用。在必要的时候，我们无须容忍，而是应该采取一定的措施，这样才能更好地保护自己的权利和利益。

总而言之，南风的力量是非常强大的。在教育孩子的过程中，爸爸可以对孩子发挥南风的力量，也可以言传身教，教会孩子使用南风的力量，在合理的限度之内，南风的力量能够改变很多事情。一旦超过合理的限度，爸爸就要教会孩子坚持自己的原则和底线，不要无条件地宽容忍让，无底线的包容只会让事情变得更加糟糕。

认可孩子的努力

　　十九世纪时，考古学家开始挖掘特洛伊古城。在挖掘的过程中，他们发现了一面非常精致的铜镜。专家们对铜镜背后雕刻的铭文产生了浓厚的兴趣，一位英国专家把这面铜镜带回祖国专心研究。但他穷尽一生的精力，都没有研究出铜镜背后的铭文到底是什么意思。这位专家去世之后，人们便把铜镜放在大英博物馆里作为一件展品展出。二十年之后，有一位年轻人来到博物馆，自称能够破解铜镜背后的铭文。博物馆馆长对年轻人非常热情，马上派人把铜镜取出来给年轻人破译。只见年轻人拿出了一面镜子对着铜镜后面的铭文照射，这个时候，从镜子里便可以看到很清晰的古希腊文。原来，这个铜镜背后的古希腊文是文字在镜子里的镜像，被雕刻在铜镜后面。这段话的意思也很简单，告诉人们："当所有人都觉得你正在向左时，我知道你始终都在向右。"看到这句话这么简单，年轻人充满遗憾地对博物馆馆长说："我的祖父穷尽一生都没有研究出这面镜子上铭文的意思，真可惜，他唯独忽略了原来这段话只是镜像的雕刻。"博物馆馆长听了年轻人的话之后淡然地说："其实，你觉得你祖父一直在向左，而他很有可能始终都在向右。"听到博物馆馆长的话，年轻人陷入了沉思，良久都没有说话，脸上的神情变得很奇怪。

原来，这个年轻人是当年那位英国专家的孙子，他认为自己的祖父穷尽一生都在研究这面铜镜是在浪费时间，因为铜镜背后的铭文是如此简单。这个年轻人否定了他祖父所做的努力，博物馆馆长一直在和各种各样的古董打交道，知道这些古董看似简单，其实蕴含着深刻的寓意。因而他很清楚，这个铜镜并没有那么简单，所以，对于年轻人否定祖父付出一生的辛劳的做法，博物馆长却有着不同的看法，他觉得专家的研究是有意义、有价值的。

我们已经无从得知，当时创造这面镜子的人到底出于怎样的心理。但对于每个人来说，如果能够被别人认可自己的努力，那就是一件非常幸运的事情。当然，也许那位专家穷尽一生都在研究这面铜镜，却没有得到想要的结果，他的确浪费了宝贵的生命时光。但实际上，在此过程中，他也收获了很多。锲而不舍地做一件事情本身就是非常崇高的，正如人们常说的，做好一件事情并不难，难的是一辈子只做一件事情。这位专家在一生的时间里都在坚持做好这件事情，那么，他就让自己的精神得到了升华，凭着顽强不懈的精神研究这面铜镜，也让他的内心获得成长，这样的收获，又岂是普通人所能看到的呢？

在孩子成长的过程中，很多爸爸也会对孩子产生误解。只要发现孩子学习成绩不好，就觉得孩子对学习不努力不认真；只要看到孩子的作业上出现了红色的叉，他们就觉得孩子在写作业的时候三心二意。作为爸爸，一定要看到孩子的努力，也要认可孩子的努力。学习从来不是一蹴而就的事情，特别是对处于初中、高中阶段的孩子而言，随着课业负担的加重，学习上更是需要长期积累才能够由量变引起质变。对于孩子的成长来说，也同样有着漫长的一个过程。如果孩子长期坚持去做某一件事情，却始终没有结果，爸爸千万不要着急，要耐心地等待孩子拿出更好的表现。退一步而言，即使孩子在很长的时间里都没有良好的表现，也不意味着他们这个阶段的付出是毫无成就的。父母只有不断地支持孩子，坚持给予孩子最大的助力，孩子才能够在这样的坚持中获得成长。有的时候，只是得到父母的肯定，对孩子来说就已经是最大的收获了。

　　孩子在成长的过程中一定会遇到各种各样的困难，也会遭遇形形色色的挫折。父母最大的任务不是帮助孩子解决问题，也不是代替孩子从这些事的成长上跳跃过去，而是要陪伴在孩子身边，给予孩子信心，给予孩子支持和助力，让孩子最终能够解决难题，战胜困境。要知道，父母的认可与激励将会给予孩子非常强大的力量，父母的帮助和努力会让孩子认为自己的一切付出都是值得的。从父母的角度来说，每个孩子都是一个生命个体，都是与众不同的存在。父母对孩子的爱应该是无条件的，也应该是全心全意的，不管孩子在成长的过程中失败多少次，也不管孩子因为遭遇失败而受到多少嘲笑，父母都要对孩子的努力给予最大的肯定。即使孩子一直在失败，一直在遭受挫折，爸爸也要相信孩子，认可孩子。只要爸爸成为自己的坚强后盾，孩子就会鼓起信心和勇气继续前行，这是爸爸对孩子的重要影响。很多父母都没有认识到这一点，遇事不断否定和打击孩子，却不知道这样做会给孩子内心造成非常严重的伤害。

　　前文说过，爸爸的认可是孩子内心动力的源泉，所以爸爸更应该多多认可孩子的努力，这对孩子而言是很重要的。人生中没有任何经历是没有价值的，尤其是对于如同一张白纸一样降临人世的孩子来说，每一种经历都会给孩子带来不同的人生体验，也会让孩子得到不同的成长。父母切勿否定孩子的经历，不管是喜怒哀乐还是酸甜苦辣，抑或是坎坷挫折，他们都会从中得到成长。如果父母不理解孩子成长的经过，对孩子持以否定和打击的态度，那么孩子就会非常沮丧。如果父母知道孩子成长的过程就是犯错的过程，也是在不断选择中验证成功和失败的过程，那么父母就要给予孩子巨大的助力，孩子当然会因此成长得更快，也会获得更多的快乐。

孩子犯错，爸爸积极引导

　　读四年级的时候，乐乐因为与老师发生了冲突，觉得老师偏向班干部，所以在学生群里狠狠地骂了老师。不想，却有好事的学生，把乐乐骂老师的截屏图片私下里发给了老师。这就导致爸爸妈妈还不知道真实情况，老师就已经得知了乐乐的不当行为，因而怒气冲冲地给乐乐爸爸打电话，让他管教孩子。

　　爸爸得知这件事情之后非常震惊，因为乐乐平日里是一个乖巧、懂礼貌的孩子，他不知道乐乐为什么会怒骂老师。老师给乐乐爸爸打电话是在早晨，这个时候乐乐已经去学校上学了。爸爸赶紧把这个情况告诉了妈妈，妈妈当即要求爸爸去学校把乐乐接回家。整整一天的时间里，妈妈都在跟乐乐沟通这件事情，因为老师非常生气，质问他们为什么没有教育好乐乐。但妈妈却想知道真实的原因，也想知道乐乐与老师之间的关系为何会这么僵持。乐乐对于妈妈的询问很抵触，因而态度不好，妈妈按捺不住火气，狠狠批评了乐乐，接下来，只好由爸爸上场。

　　爸爸没有直接批评乐乐，而是询问了事情发生的经过。这才知道原来乐乐因为违反课堂纪律，被班干部惩罚抄写课文。但这并不符合老师所说的提醒三次不听话才惩罚抄写课文的规定，所以乐乐非常抵触。又因为老师明显偏向班干部，在知道班干部并没有提醒乐乐三次就直接惩罚他抄写课文的情况下，还是支持班干部，这让乐乐觉得无法接受。

爸爸认为这个问题很难解决，毕竟让乐乐了解社会中人际关系的各种规则是很难的，所以爸爸就对乐乐采取了宽容的态度。以往，乐乐一旦犯错，爸爸就会严厉地批评和训斥他。但这一次，爸爸的态度与以往有很大的不同。在与乐乐进行深入沟通之后，他又和乐乐一起分析老师为什么要这么做，让乐乐能够理解老师的难处，也理解班干部必须在班级里树立威信。

乐乐还是很不理解，他说："老师为什么要偏向班干部？"爸爸语重心长地对乐乐说："作为一个男子汉，要有担当。虽然老师规定提醒三次才罚抄课文，但我们并不能因此就连续三次违反规定，在被罚抄课文之前才停止犯错，你说呢？老师之所以这么规定，是担心班干部有所偏颇，但我们不能因此就认定班干部一定是偏心或者是判断失误，你也承认你的确违反了班级秩序。爸爸还要告诉你的是，世界上并不是每件事情都会处理得很公平，你要学会接受这种不公平。其实，这也不是真正意义上的不公平，毕竟你真的违反纪律了。换一个角度来说，虽然抄写一篇课文有一点点累，但这正好能够帮助你加深记忆，快速背诵。这篇课文还是老师要求背诵的课文，对不对？"

在爸爸的一番解释之下，乐乐对爸爸说："老师应该对学生非常好，而不应该打击学生，为什么老师不能做到呢？"爸爸语重心长地对乐乐说："虽然老师是为学生和家长服务的，但是老师这个职业的服务和我们去饭馆里吃饭，服务员为我们服务是不同的；和我们去超市里买东西，导购员为我们服务也是不同的。中国历来有尊师重教的传统，人们常说"一日为师，终身为父"。对于辛辛苦苦教授你的老师，你怎么能够骂他（她）呢？这个是绝对不能原谅的。不管老师之前对你做的事情是对是错，你的这个行为绝对是错误的，所以你必须真诚地向老师道歉。当然，你认为老师的做法有所不妥，爸爸也是可以理解的，因为你向来追求公平。但以后，你要知道，很多事情并没有绝对的公平，老师要维持班级的秩序，要在同学们面前树立班干部的威信，否则将来老师不在教室里的时候，班干部如何能管好班级纪律呢？"

　　整整一天，爸爸和妈妈轮番和乐乐沟通这个问题，最终乐乐想明白了其中的道理，他这才同意给老师写检讨书，检讨错误，也才同意和老师修复关系。经过这次事情之后，乐乐也意识到爸爸在大是大非面前并不会盲目地批评他，而是能够理解和尊重他，从此之后，他与爸爸的关系也越来越好了。

　　四年级的孩子正处于成长叛逆期，他们的叛逆心理是很强的。在这个事例中，乐乐之所以和老师发生冲突，就是因为老师有明显偏向班干部的行为，使乐乐觉得不公平。在乐乐愤愤不平的情况下，爸爸没有当即批评乐乐，而是心平气和地了解情况，又向乐乐讲述了道理，给予了乐乐非常好的引导，这样乐乐才能够让自己的情绪平静下来，也才能做得更好。

　　在家庭教育中，爸爸作为孩子的榜样和孩子心目中的偶像，一定要给孩子起到积极的示范和引导作用。在和孩子进行沟通的过程中，即使孩子

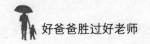

犯了错误，爸爸也要坚持正面引导。很多爸爸会采取负面消极的方式惩罚孩子，这只会让孩子的逆反心理越来越强。只有正面引导孩子，让孩子知道很多事情都有更好的方式去处理和解决，孩子才能够控制好自己的情绪，也才会对爸爸的劝说有更深刻的领悟。

对于每个孩子来说，他们在成长的过程中一定会犯错误，这是不可避免的。就算是成人，也会犯各种各样的错误，更何况是孩子呢？在孩子犯错误的时候，爸爸要保持心平气和。要知道，孩子犯错误是成长的必然经历。爸爸当然可以批评孩子，但千万不要侮辱孩子的人格。很多孩子的自尊心都非常强，尤其是当他们处于特殊的成长叛逆期的时候，自尊心会更强。

爸爸在批评孩子的时候，一定要坚持就事论事，既要指出孩子哪些地方做错了，也要告诉孩子如何改正，不要用言语打击孩子，或者给孩子贴负面标签。恶言恶语会侮辱孩子的人格，虽然在怒气冲冲的情况下，爸爸说出这样的话会觉得非常解气，但这只是一时的感觉。一旦爸爸不能对孩子谨言慎行，就会产生很多复杂的问题。如果爸爸的言辞非常激烈，与其说是在教育孩子，还不如说是在故意打击和伤害孩子，这是非常不可取的！

在教育孩子的时候，爸爸还要注意一点，就是不要当众批评孩子。孩子虽然小，但也有自尊心，还非常爱面子。爸爸不能因为孩子犯了严重的错误，就不顾他人的目光，当着众人的面批评孩子，让孩子觉得颜面尽失。有些爸爸认为当众批评可以让孩子对错误的认知更加深刻，实际上，和加深孩子对批评的记忆相比，对孩子心理上造成伤害才是更应该注意的。孩子的自尊心一旦受到伤害，就容易破罐子破摔、自暴自弃，更别提改正错误，争取更好的表现了。

　　无论孩子是处于小学阶段还是中学阶段，爸爸妈妈在批评孩子的时候都要到私密的场合。如果是在公共场合，可以把孩子叫到一旁；如果问题并没有那么严重，可以等回到家里后再与孩子沟通。这些行为都是尊重和保护孩子的表现，也会使批评的效果更好。

第六章

高瞻远瞩，好爸爸和孩子一起筑梦人生

现实生活中，很多爸爸都会把自己没有实现的伟大梦想寄托在孩子身上，认为孩子作为父母生命的延续，就应该继承父母的梦想，也应该全力以赴地实现父母的梦想。实际上，这样的想法是完全错误的。要想营造良好的亲子关系，让孩子在未来的人生中展翅高飞，爸爸就一定要给孩子自由。爸爸可以引导孩子一起筑梦人生，但却要有远大的格局，也要有高瞻远瞩的目光，而不是把孩子禁锢在自己的梦想之中。孩子是一个独立的生命个体，他们有自己的人生，也有自己的梦想，爸爸只能支持孩子实现自己的梦想，而不能强求孩子实现爸爸的梦想，这是爸爸必须始终坚持的原则和底线。

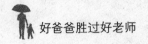

好爸爸是孩子的造梦师

　　乐乐已经读初一了，爸爸妈妈经常和乐乐说起关于梦想的话题。一个周末，爸爸带着乐乐去方特主题乐园玩，在路上，爸爸问乐乐："乐乐，你未来想做什么呢？"听到爸爸的提问，乐乐明显有些不理解，他沉思了半天才说："我想做什么呢？我想做和电脑有关系的事情。"听到乐乐的回答，爸爸显然有些不满意，他说："每个孩子都要有远大的梦想，只有在梦想的指引下，才能够有目标地坚持学习。如果没有梦想的指引，就像无头苍蝇一样，怎么可能学习好呢？你应该想好自己的梦想是什么，要知道自己未来想做什么，这样才能够朝着目标前进。"爸爸的话的确很有道理，但让乐乐突然之间就拥有梦想显然是很难的。他不想随便说一个梦想糊弄爸爸，因为他已经上初一了，他很想和爸爸深入探讨关于梦想的话题。

　　这个时候，乐乐问爸爸："爸爸，那么，你的梦想是什么呢？"爸爸忍不住苦笑起来，说："我的梦想是成为一名大学教授，但是，我学习成绩不好，没有考上好大学，所以只能当一名销售人员。你看，爸爸妈妈每天工作都非常辛苦，这就是因为没有实现梦想。爸爸希望你能够实现梦想。你愿意和爸爸一样梦想当一名大学教授吗？"乐乐当即摇摇头，说："我想从事与电脑有关的工作，我很喜欢电脑。"爸爸当即对乐乐说："和电脑有关的工作有什么好的呢？有一些编程员都是电子码农，非常辛苦，工作也没有什么创新性。除非你能够成为像比尔·盖茨那样的人，因为电脑行业并不是一个人人都能出人头地的地方。大学教授多好，每天在校园里学习和工作，还和单纯的学生们打交道，大学简直就是世外桃源。"

乐乐说："我可不想在世外桃源里生活。再说，现在的大学生也不像以前那么单纯了，我们班级里的同学都很容易跟老师发生矛盾。我更喜欢电脑！"看到乐乐这么坚持己见，爸爸没有再强求乐乐，而是问乐乐："你想学习和电脑有关的专业，那么就应该树立一个具体的梦想，不是人人都能成为比尔·盖茨的。你是想从事电脑编程工作，还是想从事软件开发工作，还是想从事游戏开发工作呢？不管做什么工作，只要做得出色，就会有很大的收获。"

在爸爸的引导下，乐乐想了想说："我想做游戏开发工作。我很喜欢玩游戏，我希望开发出更多好玩的游戏。"乐乐说这些话的时候觉得很心虚，因为他很担心爸爸坚持让他当大学教授，或者担心爸爸反对他做游戏开发工作。让乐乐没想到的是，爸爸却说："如果你能做一名非常优秀的游戏开发工程师，那当然也是非常好的。所谓三百六十行，行行出状元，每一行里都会有很多出类拔萃的人才。爸爸希望你不管做什么工作，都能成为出类拔萃的少数！"爸爸话音刚落，乐乐如释重负地笑着说："好吧，那我的梦想暂时就是当一名出类拔萃的游戏开发工程师。"

爸爸趁热打铁说："这是一个非常伟大的梦想，不过和电脑打交道都要有良好的数学功底，如果数学不好，和电脑打交道可没有那么方便。爸爸希望你将来在数理化方面有更大的进步，这样你会距离自己的梦想越来越近。"得到了爸爸的支持，乐乐在学习上充满了动力，他原本并不十分

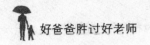

喜欢数学，但自从得知学好数学和学好电脑之间有着密不可分的关系之后，他就在学习数学方面表现越来越积极主动了。

很多成人都会把自己的梦想强加在孩子身上，这是因为他们觉得孩子是父母的附属品和私有物，认为孩子是父母生命的延续，所以就理所当然地要承担起父母的梦想。现实生活中，与自己的梦想失之交臂的父母实在太多了，这也使很多父母与孩子之间的关系变得紧张而又微妙。一方面，父母迫不及待地让孩子继承他们的梦想；另一方面，孩子却有自己的梦想。如果父母是开明的，能够支持孩子实现自己的梦想，亲子之间就能其乐融融。但如果父母是非常传统的或没有那么开明，那么他们就会强求孩子继承父母的梦想，亲子关系就会剑拔弩张。

尤其在孩子进入高中之后，父母与孩子之间的关系会因为孩子选择学习什么专业，走怎样的人生道路，而变得越来越紧张。爸爸作为一家之主对孩子的影响往往是更大的，那么爸爸一定要端正心态，不要只是强调自己的意志。爸爸要知道，孩子是独立的生命个体，是一个有思想、有灵魂的人。在和孩子沟通的时候，爸爸要更加注重孩子的感受。如果把自己的梦想强加给孩子，会让孩子对学习失去兴趣，影响高考的成绩，这样未免得不偿失。

好爸爸会非常尊重孩子的想法，也会非常关注孩子真实的感受，尤其是在孩子真正做出决定之后，爸爸更是会给予孩子大力的支持。当然，对于年幼的孩子，他们还没有选择的自主意识，所以爸爸可以暂时为孩子做出选择，或给予孩子中肯的参考意见。但是，这并不意味着爸爸可以始终按照自己的意志去塑造孩子，更不意味着孩子必须实现爸爸的梦想。爸爸要尊重孩子的真实想法，让孩子积极主动地做出选择，并且要非常尊重孩子的选择，这样孩子才能够在爸爸营造的充满爱与自由的家庭环境中，舒展自己的内心，慎重选择自己的人生道路。

纵观古今中外，很多成功者之所以获得成功，并不是因为他们对父母言听计从，而是因为他们勇敢地选择了自己的人生道路。他们知道自己应该怎么做，才能得到更快乐的成长，他们遵循自己的内心去做自己想做的事情。他们非常幸运，得到了父母的支持和帮助，所以他们在追求成功的道路上会获得更大的助力。好爸爸是孩子的造梦师，而不是孩子梦想的决策者，也不是孩子梦想的执行人。好爸爸会引导孩子树立远大的梦想，在孩子实现梦想的过程中，也会不遗余力地帮助孩子。当好爸爸坚持这么做，父子关系就会更加和谐融洽，家庭的氛围才会更好。这对孩子的成长是至关重要的。

有些孩子对于梦想并没有明确的规划，那么，爸爸还应该承担起引导孩子树立梦想的艰巨任务。因为孩子缺乏人生经验，他们对于各种各样的职业并没有深入的了解。为了让孩子对职业规划有更加明确的认识，爸爸应该帮助孩子了解更多的职业，甚至创造机会让孩子体验更多不同的职业。这样孩子才能更明确地知道自己未来想成为怎样的人，想成就怎样伟大的事业。在爸爸的引导下，相信孩子制定的梦想一定会更加远大，也会更符合他们人生现实的情况，对孩子的人生将会起到很大的促进作用。

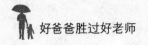

好爸爸高瞻远瞩，有大格局

在乐乐很小的时候，身边的同学朋友就开始参加父母安排的各种各样的兴趣班、培训班，因为他们的父母望子成龙、望女成凤，希望孩子能成为出类拔萃之材，赢在起跑线。乐乐爸爸呢？虽然看到身边的小朋友们都已经赢在了起跑线上，但爸爸却非常淡定，他只为乐乐报名了绘画班、跆拳道班。报名绘画班，是因为乐乐特别喜欢画画；报名跆拳道班，是因为爸爸希望乐乐身体强壮，成为一个真正的男子汉。到乐乐上了小学四年级，因为写字不太好，所以爸爸给乐乐报名了书法班。

在班级里，乐乐所报的班是最少的，有的同学甚至报名了七八个课外班。每到周六日的时候，他们一天就要跑三四个地方上课。而乐乐呢，绘画班是他的兴趣爱好所在；学习跆拳道，能够强身健体；练习书法，能够修身养性。有了这三个兴趣班，乐乐的周末过得充实而又愉快。同学们得知乐乐每个周末只需要上三个兴趣班，都非常羡慕乐乐。也有的家长在得知这个情况之后，会旁敲侧击地问乐乐爸爸："乐乐爸爸，你们怎么不给乐乐报英语、奥数的补习班？英语、奥数可是非常重要的。"对此，爸爸却总是笑一笑，说："不着急，不着急。"

转眼之间，乐乐上小学六年级了。国家突然出台政策让奥数班暂停，而且不允许把课外培训机构的评分作为升学录取标准。这使很多坚持在课外上提升班、补习班的同学都把那些课外班给退掉了，他们就像一群失重的小疯子，进入了狂欢。

这个时候，有人评价乐乐爸爸："你可真是高瞻远瞩呀！大家都疯狂学习奥数、英语，唯独你家乐乐一直很开心地学习各种各样的兴趣课。现在好了，升学也不参考课外班的分数和等级证书了，你们可真是赚了。孩子小学阶段过得多么愉快啊！"对此，乐乐也感到很开心。他问爸爸："爸爸，你以前为什么不给我报奥数班、英语班？我们班级里的几个学霸，把这些班都退掉了。"爸爸对乐乐说："乐乐，对于你的成长，爸爸希望你能够身心健康。至于那些知识的学习，爸爸希望你能按部就班，并不想对你揠苗助长。比如奥数学习，其实就是在小学阶段学习初中的题目，那些内容在小学阶段称为奥数，到了初中你自然而然就能学会了。既然如此，我们为什么要提前掌握呢？至于英语学习，更需要你积累词汇，创设语境，锻炼语感，所以爸爸认为你只要勤奋努力，不上培训班也一样能学好。"爸爸的话让乐乐心服口服，忍不住对爸爸竖起了大拇指。

爸爸说到兴头上，对乐乐说："乐乐，爸爸希望你好好学习，不是希望你考多么好的学校，也不是希望你光宗耀祖，而是希望你将来在人生中有更多选择的机会。很多人做一些事情，是凭着兴趣爱好去做的，是把这些当成事业去做的，这样他们干起事来当然会非常投入，也会获得很大的成就感。但有很多人做一些工作，却是被生活逼着去做的，他们只是迫于生存，为了解决温饱问题才去做。可想而知，他们对待工作的热情是很小的，所以爸爸希望你将来有更大的选择空间，不要为了解决温饱而去工作，而是为了发展事业去工作，不会为了工作而失去了生活，而是能够在工作的同时享受生活。"听了爸爸的话，乐乐似懂非懂地点点头，他为自己有这样一个高瞻远瞩的爸爸而感到骄傲和自豪。

现代社会，大部分家长都陷入了教育焦虑状态，甚至在孩子还没有出生的时候，就已经为孩子将来读哪个幼儿园而感到发愁。也有很多家长为了不让孩子输在起跑线上，拼尽全力，花光家里所有的钱，给孩子报各种各样的课外班。殊不知，孩子的童年原本就应该快乐地度过，孩子的时间和精力都是有限的，在参与学校学习之后，如果他们再参加这么多课外班，每天都争分夺秒，就无法从容地感受童年的快乐。这使得孩子失去了童年，远离了快乐，当然是得不偿失的。

事例中，爸爸给乐乐报名参加了这些课外班，例如绘画、跆拳道、书法班等，是为了陶冶孩子的性情，锻炼孩子的身体，虽然不能让孩子的学习成绩得以提升，但实际上，孩子身心健康，在学习方面自然会更加轻松。对每一个爸爸来说，养育孩子都是非常重大的责任。尤其是在孩子成长的过程中，爸爸一定要高瞻远瞩，不要只盯着孩子眼前的成长，而牺牲了孩子更长远的发展。爸爸不但要负责养育孩子，还要教育孩子。现代社会竞争的压力这么大，孩子早一些、晚一些学会技能都没有太大的影响，但孩子一定要成为身心健康、内心强大的人，将来才会更加从容地度过初中、高中，甚至从容度过大学阶段的学习生活。

爸爸若想为孩子规划成长的蓝图，就要尊重孩子的想法，并且在引导孩子树立梦想，树立远大的志向时，要以孩子的实际情况为出发点。爸爸固然可以把自己的经验传授给孩子，却不要以自己的经验来禁锢孩子。爸爸必须知道，孩子有属于自己的人生，孩子也有属于自己的梦想，所以爸爸不能够代替孩子去决定所有的事情。有的爸爸会把自己的人生经验套用在孩子身上，对孩子提出各种不切实际的要求，这对孩子是不公平的。每个人来到这个世界上的情况都是不同的，爸爸只有拥有大格局，才能够无条件地接受孩子，只有把眼光看得更长远，才能够让孩子树立和确立更远大的理想和志向。

尤其是在对孩子进行教育的问题上，爸爸一定要摒弃短视的教育行为，要知道，教育不是一朝一夕就能完成的伟大事业，是需要爸爸用尽一生去做好的。在遇到良好的教育机会时，爸爸要抓住机会教育孩子，这样才能把对孩子的教育渗透在生活中，让孩子每时每刻都接受教育。当然，爸爸有大格局和远见卓识还是远远不够的。在培养孩子的过程中，爸爸还要让孩子也拥有远见卓识，也拥有大格局，这样孩子在对人生进行规划的时候才会有自己不同的看法，做出明智的决策。

孩子在呱呱坠地的时候，就像一张洁白无瑕的纸，爸爸和妈妈都会拿起画笔或雕刻笔来绘画或者雕刻。在孩子还没有独立的思想意识，也不能独立进行思考的情况下，爸爸妈妈想把孩子这张白纸涂成什么颜色，就涂成什么颜色，想把孩子的人生雕刻成什么形状，就能把孩子的人生雕刻成什么形状。但不管爸爸妈妈如何在孩子的这张画纸上落笔，在孩子这个雕塑上下刀，都要想到孩子的未来有无数的可能性。这种可能性并不取决于孩子能考取多少分，而取决于父母的教育思想。正因为如此，才有人说，父母的眼界决定了孩子的未来，父母的格局就是孩子的起点。爸爸一定要当一个有眼界、有格局的爸爸，才能给孩子开阔宏大的人生。

和孩子一起创新

　　小何非常喜欢画画，虽然才六岁，但已经在绘画班学习一年了。有一次，老师让孩子们画一幅关于太阳的画。这次，老师并没有教孩子们如何画太阳，因为孩子们每天都能看见太阳，所以老师就给每个孩子一张很大的白纸，让孩子们自由发挥。和大多数小朋友画出圆圆的，散发出光芒的太阳相比，小何画的太阳形状却比较奇怪。原来，小何画的太阳是三角形的。老师看到小何画的太阳之后很纳闷，问小何："小何，你的太阳为什么是三角形的呢？"小何说："老师，圆圆的太阳很容易就会滚下山去。我觉得白天的时间太短了，有的时候我在外面玩儿，还没玩儿到觉得开心呢，妈妈就会喊我回家。如果太阳是三角形的，那么太阳就没有办法滚回家了！"听到小何的话，老师忍不住哈哈大笑起来，对小何说："好吧，既然你希望太阳是三角形的，那么你就可以把太阳画成三角形的。"就这样，在老师的鼓励下，小何很快完成了画作。

　　放学回到家里，爸爸看到小何的太阳居然是三角形的，很纳闷地质问小何："小何，你为什么要把太阳画成三角形的呢？"小何又向爸爸解释了一遍，爸爸却不以为然地打断小何的话，说："不管你有什么理由，太阳都是圆形的。你看看，天上的太阳可不就是圆的吗？从来没有三角形的太阳呀！"小何坚持要把太阳画成三角形，爸爸却坚持让小何把太阳改成圆形，就这样，父子俩闹得不欢而散。

后来，爸爸和绘画班的老师说起小何画太阳的问题，绘画班的老师对爸爸说："小何爸爸，你不要觉得小何把太阳画成三角形就是错误的。实际上，我们每个人画出来的东西都是这些东西在我们心中的样子。我们心中希望这些东西是什么样子，就会把它画成什么样子。就像一千个人心中有一千个哈姆雷特一样，孩子想象力这么丰富，他们在画画的时候也会表现出来。我们要尊重孩子的想象力，不要以成人的思维禁锢他们。"在老师的一番开导之下，爸爸终于释然。

孩子的想象力是最丰富的，尤其对于四五岁的孩子而言，他们仿佛长出了想象的翅膀，不管想什么，都带有丰富的想象意味。作为爸爸，要保护和培养孩子的想象力，因为想象力正是孩子创新力的源泉。如果孩子没有想象力，他们就无法对很多事情进行创新。孩子只有拥有丰富的想象力，在进行创新的时候才能够天马行空，才能够有与众不同的表现。爸爸若想培养和保护孩子的创新能力，就要保护孩子的想象力，也要尊重孩子的想象力。就像事例中小何的爸爸一样，他坚持让小何把太阳画成圆形的，小何虽然已经把自己为何把太阳画成三角形的原因告诉了爸爸，但爸爸还是不愿意听小何的解释。面对这样的爸爸，小何当然会非常伤心，他的想象力也会因此而受到损害。

只有为孩子创设宽松开放的环境，孩子的想象力才能够培养起来，尤其是很多孩子在小时候都很喜欢涂鸦，这是因为涂鸦是一种非常自由随意的行为。涂鸦不同于绘画，绘画必须画得很像，而涂鸦则可以跟随自己的心意去表达。在孩子涂鸦的时候，爸爸不要过于细致地要求孩子做到怎样，而是要鼓励孩子张开想象的翅膀，自由翱翔；让孩子形成发散性思维，在考虑很多问题的时候，能够从更多的维度进行思考，感受创新的快乐，这对于孩子的成长来说是非常有益的。

现代社会竞争的压力非常大，知识更新的速度也很快，各种各样的创意层出不穷。在这个竞争的社会中，孩子在毕业参加工作之后要想立于不败之地，就一定要有与众不同的创意和思维。如今很多绘画机构都以创意美术命名，其实就是在强调创意的重要性。

在当今世界里，不管是一个孩子，还是一个民族，还是一个国家，要想取得快速的发展，就必须以想象力作为根基。例如，日本在战争之后经济衰退得很厉害，但他们在很短时间内就迅速恢复发展起来，立于强国之列，这就是因为他们很注重培养孩子的创造能力，并且在全国范围内开展发明创造的活动。日本的发展告诉我们，不管是一个人，还是一个民族，还是一个国家，必须培养大批创造性的人才，才能够繁荣昌盛。有儿童心理学家经过研究发现，孩子在三岁到九岁处于想象力发展的前期阶段。在这个阶段里，父母要保护好孩子的想象力，也要激发孩子的想象力，这样才能够培养孩子的创新能力。过了这个阶段，孩子就会形成思维定式，想象能力就会大大减弱。

遗憾的是，在很多家庭中，爸爸并不重视培养孩子的想象力。当孩子做出一些创造性行为的时候，他们还会训斥孩子，禁止孩子去做，认为孩子是在调皮捣蛋，对孩子进行粗暴的干涉，或采取不理不睬的方式。无形之中，孩子的创新意识就会受到伤害，孩子也就不愿意再进行创新了。

任何创造能力的提升都要在创新意识的基础上进行。也许有的爸爸会认为自己家的孩子并不具备创新意识，也没有创新能力，甚至断言自己家的孩子不可能成为科学家或者发明家。对孩子下这样的定论未免为时过早。孩子作为崭新的生命来到这个世界上，还有很多的潜能没有被开发出来。即使亲如父母，也不知道孩子未来的人生将会如何，所以父母不要太早地对孩子下定论，而是要给予孩子更多的期望，坚持给孩子助力，激发孩子人生的各种可能性。

伟大的教育家陶行知先生说过，处处都是创造之地，天天都是创造之时，人人都是创造之人。这告诉我们，创造应该是无处不在的，是随时随地都能进行的。那么，当发现孩子画出了一幅与众不同的画，或说出一些奇思妙想的时候，爸爸应该表扬孩子，激励孩子继续发挥创新能力，有更加独特和杰出的表现。在家庭生活中，爸爸经常与孩子相处，只要用心观察，就会发现孩子在创造方面是否具有很大的潜力，如果是，只要用心引导，就能够激发出孩子更大的创新力。

在家庭生活中，爸爸不要因为孩子乐于创造，破坏了家里的一些东西，就对孩子非常严厉。只有和谐融洽的家庭氛围才能激发孩子的创造力，如果家庭的氛围特别压抑，孩子在家里什么都不敢做，又岂会有所创新呢？

好奇心也是孩子创造力的源泉。当孩子表现出好奇的时候，爸爸一定要满足孩子的好奇心，或者和孩子一起寻找答案，帮助孩子答疑解惑。如果孩子对一些具体的事物有好奇心，那么，爸爸还可以和孩子一起观察这些事物，发现事物本质，动手研究这些事物，从而使孩子对这些事物的了解更加深入。

对那些创新意识比较弱的孩子，爸爸也应该有意识地培养他们的创新意识，例如让孩子进行积极的探索，使孩子在探索的过程中有突破性的发现。这样，孩子在创新的过程中才能获得成就感，也就更乐于创新。有些爸爸本身对很多事情都不感兴趣，这样消极的态度也会影响孩子进行创新，毕竟好奇心、创新意识和想象力都是相互作用的。

总而言之，必须重视培养孩子的创新意识，提升孩子的创造能力，塑造孩子的创造型人格。如今的社会是一个讲究实力的社会，崇尚科学，只有让孩子具有创新力，孩子未来才会有拥有更多的可能性。

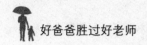

不对孩子抱有过高的期望

刚进行了期中考试，同学们都紧张地等待着考试成绩，冉冉的成绩一直不是很稳定，所以爸爸妈妈对冉冉的成绩特别关注。尤其是爸爸，对冉冉寄予了很高的期望，要求冉冉每次考试都必须有进步。

原本，冉冉的成绩在班级里只处于中上等水平。随着爸爸对冉冉的成绩越来越重视，再加上爸爸为冉冉聘请了老师进行补课，所以冉冉的成绩有了很大的提升。但随着成绩的提升，冉冉并不觉得高兴，反而越来越发愁。因为爸爸要求他每次考试都要有进步，对于一个学习成绩比较差的孩子来说，进步是相对容易的；对于一个学习成绩已经相对稳定而且已经发挥了很大能力来维持学习成绩的孩子而言，要想让学习成绩持续进步，显然是非常难的。所以在成绩公布了之后，冉冉得知自己这次考试考取了第 12 名，马上愁眉苦脸起来。同学们看到冉冉这样的表现，都很纳闷地问冉冉："冉冉，你的成绩这么好，为什么还发愁呀？像我们这样的，哭都没地哭去呢！"冉冉哭丧着脸对同学说："我现在考 12 名，还没有之前考 25 名舒服呢！"同学们很纳闷，不知道到底是为什么。冉冉说："考 25 名的时候，我前进几名爸爸就很开心。现在我考了 12 名，下一次，爸爸非得要求我进前十名不可，但我又不是学霸的苗子，我已经拼尽全力去学习了。如果爸爸继续要求我进步，我看我只能先退回倒数第一名，再寻求进步了。"听了冉冉的话，同学们都哈哈大笑起来。

很多父母都和冉冉爸爸一样，对孩子提出了过高的要求。实际上，并不是每一个孩子都有学习的天赋，有些孩子在学习方面没有天赋，不管怎么努力都不会有很好的表现，而有一些孩子却轻轻松松就能学得很好，考取好成绩。但是，不管是对于怎样的孩子而言，父母过高的期望都会给他们太大的压力。尤其是当爸爸在家里处于更加权威的地位，如果爸爸总是对孩子提出过高的要求，那么孩子就会对自己感到怀疑，也有可能因此而陷入自卑之中。

当然，我们可以理解爸爸对孩子有过高的期望和要求，这是因为孩子是爸爸的希望，天底下所有的爸爸都希望孩子能够学有所成，这一点是可以理解的。但是，一定要保持合适的度。古人云，"凡事皆有度，过犹不及"。如果爸爸对孩子的要求过高，就会损害孩子的自信心，让孩子陷入自卑之中；如果爸爸一味地要求孩子坚持进取，那么孩子就会自暴自弃，可能还会出现退步的情况。尤其是当爸爸对孩子的要求过高，已经超出了孩子的实际能力时，孩子不管怎么努力都不可能达到爸爸的要求，渐渐就会陷入颓废沮丧的旋涡之中无法自拔，不但不会积极进取，还有可能自暴自弃！

明智的爸爸会对孩子提出适度的要求，虽然每个家庭都要求孩子好好学习，将来能够超过爸爸妈妈的成就，让孩子有更好的人生。但现实却是，有一些孩子天赋不强，学习能力也很差，那么他（她）的成就很有可能不会超过爸爸妈妈。作为爸爸，一定要接受孩子这样的现实情况。爸爸对孩子的爱应该是无条件的，而不是有条件的。如果爸爸对孩子寄予过高的期望，有过高的要求，那么孩子一想到自己达不到爸爸的期望，不能够实现爸爸为他（她）制定的目标，就会感到非常内疚。特别是当孩子升入初中、高中以后，有的孩子因为心理压力过大，还会导致精神不集中、郁郁寡欢，甚至因此而经常做噩梦。有调查机构对现在的孩子进行调查，发现有相当一部分孩子都觉得自己活得很累。爸爸们看到这样的调查结果，也许会感到惊讶：孩子还小，有吃有喝，只需要学习就行，有什么可累的呢？大人不但要照顾家庭，兼顾工作，还要承受巨大的经济压力，才是真累呢！不得不说，作为爸爸，不要把自己和孩子放在一起比较，因为爸爸的心理承受能力显然比孩子更强，而且爸爸和孩子处于不同的人生阶段，因此所承担的人生任务也是不同的。

这就像我们本书前面所说的，很多爸爸都会把孩子当成大人对待，这无形中会让孩子感到很不适应。爸爸要时时刻刻牢记，孩子毕竟是孩子，不管这个孩子现在是在小学阶段，还是在高中阶段，他（她）在心智上都没有彻底成熟，所以他们看问题会有很大的局限。那么在给孩子制定要求的时候，爸爸要以孩子的实际情况为出发点，首先考察孩子是否在学习方面具有天赋，其次反思自己是否给孩子创造了良好的学习条件。这里所说的良好的学习条件，并不是指让孩子拥有很好的物质基础，而是指为孩子营造良好的家庭氛围，让孩子能够专心致志地学习。在具备客观条件的基础上，爸爸还要能够接受孩子在学习上出现一定的波动。没有人能够只成功不失败，尤其是孩子。当爸爸求胜心切，给孩子带来巨大压力的时候，孩子会陷入无法摆脱的痛苦之中。作为爸爸，与孩子的亲子关系也会非常紧张。所以爸爸要更理智地对待孩子，也要无条件地接纳、包容和爱孩子，这才是孩子最大的福气。

对孩子提出过高要求是有很多弊端的，首先会影响孩子的情绪稳定，让孩子出现情绪障碍。有一些孩子因为压力过大，会厌恶学习，对学习失去信心。如果爸爸总是强迫孩子好好学习，那么就会让孩子对学习失去主动性，还会导致亲子关系越来越紧张。

在家庭教育中，言传的作用远远不如身教的作用大，与其整日唠叨着让孩子获得成功，还不如先给孩子做一个成功的榜样。如果爸爸本身就是不思上进、不求进取的，那么即使唠叨孩子，也未必能够起到良好的效果。反之，当孩子亲眼看到爸爸勤奋学习，努力工作，积极进取时，孩子就会受到正面影响，心甘情愿地开展行动去做得更好。

孩子的成长和发展绝不是只有学习这一个方面，而是一个立体的呈现。爸爸要为孩子营造良好的学习环境和成长环境，这样孩子才会感到身心愉悦，也才会主动拿出更好的学习表现。总而言之，不要表现出急功近利，也不要因为对孩子失望，就对孩子进行各种指责和否定。学习如果只有外部的驱动力，能够保持的时间是非常短暂的，必须让孩子拥有内部驱动力，孩子才能持久地保持良好的学习状态，这对孩子而言是至关重要的。毕竟，学习和成长是一个漫长的过程，贯穿孩子的一生，不是朝夕之间就能完成的。从这个意义层面来看，爸爸要做的不是鼠目寸光的短视行为，而是要做一劳永逸的远视行为，这样才能让孩子成长得更平稳、快乐。

分数不是孩子的命根子

　　自从上了初中一年级，语文学习的难度就陡然增大了。在小学阶段，琳琳的语文成绩能够考到 90 分以上，有的时候甚至能够考到 96 分。但是在进入初中一年级的第一次月考中，琳琳的语文成绩只考到了 80 分。看到琳琳的成绩，爸爸非常生气，对琳琳说："你这次怎么考得这么差呢？不至于一落千丈吧！差十几分呢！"琳琳满脸通红，对爸爸解释道："虽然我这次只考了 80 分，但我的名次还是可以的，在班级里排名第三，在年级里排名第十。"爸爸不由分说地打断琳琳的话，说："我可不管你在班级里排多少名，我认为你小学的时候语文分数能够考到 96 分，至少也能保证 90 分，那么你在初中阶段至少要保证语文分数在 85 分以上，争取达到90 分。"听了爸爸的话，琳琳露出难以置信的表情，她说："你这样的要求我根本就无法达到。你知道初中语文有多么难吗？而且每次考试作文都会扣很多分。"爸爸说："你既然知道作文会扣很多分，就应该在作文上下功夫，把作文写好。作文少扣一点分，语文成绩不就上来了吗？"对于爸爸这么简单的推断，琳琳很无语，也很压抑。她拿着考了 80 分的卷子回到房间里，很长时间都没有出来。

　　没过多久，班级里召开家长会，有几个同学还被推选为学生代表在家

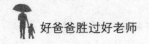

长会上发言，介绍自己的学习经验。让爸爸惊讶的是，琳琳被选举为语文学习的代表，在家长会上发言。家长会结束后，爸爸和语文老师沟通琳琳的学习情况。他问语文老师："我们家琳琳的语文学习成绩下滑得很厉害，她在小学阶段都能考到90分以上，这次只考了80分，您怎么还让她分享语文学习的经验呢？"听了爸爸的话，语文老师忍不住笑起来说："琳琳爸爸，进入初一阶段，语文学习的变化很大，难度也大大增加，所以孩子能够考到80分是很不错的。最重要的是，琳琳在语文学习方面有非常好的学习习惯，学习表现也很好，所以我才让她作为语文学习的代表进行发言。"听了老师的话，爸爸说："哎呀，我就是觉得她的语文成绩波动，一定会影响总分，这决定她能否考上重点高中。所以我倒不是很看重排名，我希望她的绝对分值能上去。"老师说："琳琳爸爸，你的心情我当然能够理解，但我们除了要看孩子的绝对成绩之外，还要看孩子的相对排名。毕竟不管是高中录取还是大学录取，既有分数线也有录取名额的因素，您说呢？"在老师的一番解说之下，爸爸这才对琳琳的成绩有了更全面的认知，但爸爸依然对琳琳提出了更高的要求，希望琳琳能够提升绝对分值。

很多爸爸都特别看重孩子的成绩，很少询问孩子的排名，只希望看到孩子的总分非常高。也有一些爸爸则恰恰相反，他们会询问孩子的排名，不太注重孩子的绝对分值。实际上，要想全面了解孩子的学习情况，就要把孩子的学习分数和排名综合起来考察，排名也很重要。录取都是有名额的，而因为要过分数线，所以分数也很重要。只有把绝对分值和综合排名结合起来考察，确定孩子已经达到优秀的水平，才代表孩子有较大的希望被重点高中或名牌大学录取。

　　并不是每一个孩子都很擅长学习，所以他们在学习方面并不会都出类拔萃。有的孩子学习成绩非常好，有的孩子学习成绩比较差，那么当孩子在学习方面的表现无法令父母满意的时候，父母不要一味地盯着孩子的成绩看，要注重培养和提升孩子的学习能力，帮助孩子形成学习的思维，助力孩子摄取更多的知识。爸爸要知道，考试是检验孩子学习效果的一种手段，而分数只能反映孩子学习的某一方面或者某个阶段的状况，并不能够真正反应出孩子掌握了多少知识。还有些孩子是典型的书呆子，他们尽管在考试的时候表现很好，但在生活中对知识的运用能力却很差。爸爸要全面地衡量和考察孩子的情况，不要因为过于看重孩子的分数而使孩子对考试心生恐惧。有些爸爸太过看重孩子的分数，还会导致孩子在考试成绩出来之后，擅自修改分数或者向父母撒谎等，这些坏行为的出现是比不那么令人满意的成绩更糟糕的。所以，爸爸一定要摆正心态，要以长远的目光看待孩子的成长，不要只盯着分数看。

　　有些孩子也特别看重分数，他们的竞争意识比较强，在班级里，他们会把自己的分数与其他同学的进行比较。如今提倡素质教育，希望孩子能够全面发展，但依然有很多爸爸和孩子都非常看重分数。还有一些孩子因为过于看重分数，做出一些违反学校规定的事情。例如前段时间，一个大二的学生因为考试的时候作弊，被学校通报批评，就从楼上跳了下去，结束了年轻鲜活的生命。不得不说，这个孩子在做出作弊行为的时候，就应该知道会引起怎样的后果，也有可能是孩子因为过于看重分数，所以把道德的标准降低了。作为爸爸，在孩子小的时候就应该引导孩子正确地看待分数：分数固然重要，但是道德、品质等是比分数更重要的存在。为了让孩子能够正确地看待分数，爸爸不要把分数作为评价孩子的唯一标准，也不要以分数来衡量孩子是否优秀，而是要告诉孩子要从容地应对考试，不要因为考试而做出一些违反规矩的事情。

当然，每次考试之后，爸爸还是需要通过观察分数来看孩子的学习是进步还是退步了。在这种情况下，不要只盯着孩子这次的成绩看，而是要用发展的眼光看待。例如，可以把孩子这一次的成绩与上一次的成绩进行比较，或者与上几次的成绩进行比较。还可以制定一个时间与分数的图，这样可以更直观地看到孩子成绩的波动和变化。

很多爸爸都喜欢把自家孩子与别人家孩子比较，这样的横向比较其实是不合理，也是不公平的。爸爸可以针对自家孩子现在和之前的表现，这次的成绩与之前的成绩进行纵向比较，综合判断孩子是有了进步还是退步，从而正确地对孩子进行教育。

每个孩子都是一个独立的鲜活的生命个体，每时每刻都处于发展变化之中。爸爸不要以老眼光来看待孩子，也不要总是对孩子提出一成不变的苛刻要求。有些孩子在学习中还会出现偏科的情况，尤其是在初中、高中阶段，孩子偏科的情况会更严重。爸爸在对孩子薄弱的科目提出过高要求之前，要先弄清楚孩子出现偏科情况的原因。例如，有的孩子是因为喜欢一个老师而很喜欢学习某一门学科，又因为讨厌某一个老师而不喜欢进行该学科的学习，这都会导致孩子偏科。还有的孩子天生就比较喜欢文科，或者比较喜欢理科，这会使他们的总分被拉低。在这种情况下，不要只是为了提高成绩，就对孩子进行补短教育。现代社会中，很多领域都提倡发展核心竞争力。所谓核心竞争力，放在孩子的学习上，就是说要发展孩子最优势之处，让孩子能够发挥所长，在此基础上，再弥补短处和不足，才能够实现整体的均衡。

　　帮助孩子在学习上有好的表现，爸爸要注重给予孩子积极的心理暗示，不要过于看重孩子的分数，要让孩子知道必须先成人，才能再成才，以及授人以鱼不如授人以渔的道理。爸爸要教给孩子学习的方式方法，培养其良好的学习习惯，这样孩子的学习才能进入稳步上升的状态。分数并不能代表孩子的一切，考高分的孩子未来未必能够成为国家的栋梁之才，在分数上处于弱势地位的孩子，将来也未必就会毫无作为。对于孩子漫长的一生而言，爸爸要为孩子的人生奠定良好的基础，就要给予孩子正确有效的引导，切勿让孩子变得目光短浅，有所局限。

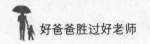

后 记

爸爸分很多类型，有好爸爸与坏爸爸、穷爸爸与富爸爸、会玩的爸爸和不会玩的爸爸、有趣的爸爸和木讷的爸爸……在孩子的心目中，爸爸不同的表现使得爸爸有了不同的面目，那么你在孩子心目中是一个怎样的爸爸呢？

现实生活中，有太多的爸爸都没有扮演好自己在家庭生活中的角色。爸爸只有准确地为自己进行家庭生活的定位，才能够尽职尽责地履行自己的责任。在家庭生活中，爸爸不仅要扮演好家庭角色，还要承担起重要的教育工作者的职责。

在教育孩子的过程中，如果爸爸缺席，孩子的成长就会缺"钙"。在对孩子进行教育的时候，爸爸所起的作用和妈妈是不分上下的，甚至爸爸对孩子的一生都将发挥更长久的影响。遗憾的是，很多爸爸都觉得教育孩子是妈妈的事情，遵循着传统的男主外、女主内的思想，把教育孩子的责任完全推给妈妈。

很多爸爸对于自身角色的认知是非常狭隘的，他们认为想当一个好爸爸，就要挣很多的钱，给孩子创造最好的物质条件，为孩子买最贵的学区房，让孩子穿名牌的衣服，让孩子在同龄人之中拥有最优质的条件。爸爸这样的想法是错误的，对于孩子而言，住最好的房子、穿最好的衣服都比不上爸爸对他们的陪伴更重要。孩子在成长的过程中会经历很多人生中的第一次，那么，爸爸是否始终陪伴在孩子的身边，亲眼见证孩子的成长和进步，并且对孩子的成长进行了记录呢？当孩子有疑惑的时候，爸爸是否能够第一时间给孩子进行解答呢？当孩子感到不安和紧张、焦虑的时候，爸爸是否能够在第一时间挺身而出，让孩子获得安全感呢？

　　孩子在小学阶段、中学阶段甚至是大学阶段的成长的过程中，爸爸的角色无人能够替代。对于每一个孩子的成长，爸爸都是不能缺席的。爸爸对孩子的影响是全方面的，不但会影响孩子的性格养成，还会影响孩子的品德形成，还会对孩子的心理、心态产生深远的影响。作为爸爸，我们要把对孩子的教育当成毕生最伟大的事业全力以赴地投入，这样才能发挥强大的父亲力，给孩子的人生助力。